童蒙养正 学以立人

——『养正教育』德育实践探索

高水林 计家艳 著

天津社会科学院出版社

图书在版编目（ＣＩＰ）数据

童蒙养正，学以立人："养正教育"德育实践探索 /
高水林，计家艳著. -- 天津：天津社会科学院出版社，
2024. 10. -- ISBN 978-7-5563-1027-2

Ⅰ. G621

中国国家版本馆 CIP 数据核字第 2024TN2267 号

童蒙养正，学以立人："养正教育"德育实践探索
TONG MENG YANG ZHENG，XUE YI LI REN：
"YANG ZHENG JIAOYU" DEYU SHIJIAN TANSUO

选题策划：吴　琼
责任编辑：杜敬红
装帧设计：吴　娟
出版发行：天津社会科学院出版社
地　　址：天津市南开区迎水道 7 号
邮　　编：300191
电　　话：（022）23360165
印　　刷：北京盛通印刷股份有限公司
开　　本：787×1092　　1/16
印　　张：19
字　　数：256 千字
版　　次：2024 年 10 月第 1 版　　2024 年 10 月第 1 次印刷
定　　价：98.00 元

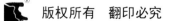

目　录

下 篇　活动学程与教师专业发展

附　录

序　言

　　党的十八大以来，习近平总书记站在红色江山后继有人、中国特色社会主义事业薪火相传的战略高度，关心少年儿童成长成才、谋划少年儿童工作发展进步，激励新时代少年儿童奋发有为、向阳成长。习近平总书记强调，教育"要从一生的成长目标来看"，立德树人是教育的根本任务。对儿童道德品行、综合素质的培养要远比分数成绩重要，因为"分数是一时之得"，"如果最后没有形成健康成熟的人格，那是不合格的"。[1]

　　深圳市桂园小学围绕立德树人根本任务，结合"童蒙养正　学以立人"的办学理念，从校情学情出发，开拓探索"养正德育"的实践之路，开发了"培德""健身""启思""展艺"四大板块的活动学程，致力于培养学生"健康生活""责任担当""科学精神""实践创新""人文底蕴""学会学习"六大素养，促进学生德智体美劳全面发展。

　　本书的上篇详细介绍了深圳市桂园小学活动学程的纲要、设计思路、实施办法以及具体学程案例，为今后的活动学程开发提供了有价值的参考。在"培德"板块，桂园小学创新性地开发了"环保手工"学程，将卫生劳动、环保知识、学生德育相结合，让学生在学程中得到综合发展。在"健身"板块，桂园小学不是单纯地专注于身体锻炼，而是在体育中融入心理健康教育，既贯彻了学校"童蒙养正"德育理念，也适应了学生身心发展的基本需求，体现了以学生为本的教育思路。在"启思"板块，桂园小学引入了"思维导图"这一重要思维工具，融智育于德育，对学生的思

1　黄玥，高蕾，张研．中国梦要靠你们来实现 [N]．人民日报，2022-06-01 (001)．

维逻辑性和记忆力的提高都有较大帮助。在"展艺"板块，桂园小学的学程开发更是丰富多彩、形式多样，乐器、课本剧、诵读、童话、外语……桂园小学的活动学程涵盖了小学生兴趣的方方面面，每个孩子都能找到适合自己的学程，实现个体全面发展。

下篇则是对桂园小学活动学程开发的纪实，详细梳理了桂园小学活动学程的来龙去脉，剖析了活动学程开发的深厚意蕴、理论价值、实践价值以及具体操作方法，为活动学程研究提供了翔实有力的参考资料，也为活动学程开发提供了示范性指导。本篇提出了"学科教学工作坊"和"课题研究共同体"的理念，校领导、本校教师、校外专家协同工作，群策群力，使活动学程的开发在校方支持、实践经验、学术专业性等方面得到了保障。

本书内容全面，既有统观全局、高屋建瓴的理论论述，又有脚踏实地的案例分析，实用性强，所用案例均来自桂园小学实践，具有较高的可信度和实践参考价值。本书对于活动学程开发的理论基础、基本流程、实施策略的论述，为今后活动学程的开发提供了可靠指导。同时，本书也有对实际工作情况的反思和教学的反馈，有效帮助借鉴者少走弯路，为小学德育教育建设提供了宝贵的经验和启示。

2024 年 5 月

上 篇
活动学程体系

第一章

学程纲要

第一节 校情分析

一、基本概况

深圳市桂园小学创办于 1982 年 9 月，前称"深圳市第六小学"，坐落在罗湖区宝安南路与桂园路之间，是一所区属完全小学。三十余年来，在几代桂园人的努力下，学校不断变革发展，成为区域内一所优质学校。2004 年，学校顺利通过市一级学校评估，2005 年，学校又顺利通过省一级学校评估。2015 年，学校对旧教学楼进行了加固改造，办学条件得到改善。2017 年，学校运动场升级改造，育人环境进一步优化。

学校占地面积 8853 平方米，建筑面积 13800 平方米。有 160 米环形塑胶跑道，2 个篮球场，1 所羽毛球馆，3 间乒乓球室，1 所武术馆；有标准课室 37 间，多功能微格教室 1 间，电脑室 2 间，音乐教室 2 间，科学实验室 1 间，图书室 1 间，心理咨询室 1 间。学生人均占地 4.75 平方米，学生活动场地、体艺教育场馆严重不足，制约了学校活动和学程体系的实施。

二、师资队伍

现有教职员工 107 人，在职在编教职工 86 人，临聘教师 21 人。其中副高级教师 7 人，中级教师 52 人；研究生学历 7 人，本科学历 91 人，本科及以上学历教师占总人数的 91.6%；专科学历 9 人，专科学历教师占总人数的 8.4%，教师学历达标率 100%。35 岁以下年轻教师 49 人，教师队伍平均年龄 38.3 岁。教师队伍整体水平逐年提升，但缺乏市、区学科带头人和骨干教师引领；年龄分布呈两极化，中间断层，呈现年轻化趋势。

三、学生来源

学校现有 37 个教学班，学生 1861 人，其中常住户籍学生 1494 人，占总人数的 80.3%，暂住户籍学生 367 人，占总人数的 19.7%。学校位处红围社区，是罗湖 20 世纪 80 年代老社区，第一、二代居民大都已搬离，租房做小生意的比较多。2017 年来，罗湖区实行"大学区"招生政策后，随着学校办学质量的不断提升，学区居民首选桂园小学的比例越来越高，深圳户籍学生占比从几年前的 40% 左右跃升至今年的 80.3%。

学生家长职业日趋多元化，据统计大部分就职于企业，一部分从事个体经营。其中企业职工比例达 86.8%，个体经营比例为 6.9%，父母双职工比例达 80.5%。家长学历程度本科以上的占比 72%。学生的家庭教育水平不断提高，家长、社区对学校教育教学质量的要求越来越高，这对学校来说，既是压力，也是发展的动力。

四、学程建设

目前学校已经开发了 30 多门活动学程，覆盖"品德与习惯""文化与素养""艺术和修养""体育与健康"四大领域，主要分为基础性学程、拓展性学程、订制学程三大类型。其中，拓展性学程集中在课堂内实施，订制学程的实施以"四点半课堂"为主。

学校虽已开发了一定数量的活动学程，但质量不高、结构不合理、类型划分不明、学程实施不规范，缺乏教育教学理论和学程哲学的引领，尚未形成结构完整、逻辑严密的学程体系，也不足以支撑学校的办学理念和培养目标。

五、办学业绩

近年来，学校办学水平不断提升，先后荣获"深圳市巾帼文明示范岗""深圳市先进职工之家""深圳市书香校园""深圳市绿色学校""深圳市德育示范学校""广东省中小学心理健康教育先进单位""广东省教育管理科学吴汉良奖""全国少先队特色中队""全国心理健康教育先进学校""全国教育促进可持续发展创新奖""全国教育科学规划课题发展与创新教育研究标兵单位"等荣誉称号。

第二节　学校办学

一、理论基础

（一）马克思主义人性论

"人是什么"，历史上不同的哲学家对此有不同的理解。早在古希腊时期，普罗泰戈拉认为"人是万物的尺度"，柏拉图将人定义为"无羽毛的两足者"，亚里士多德从多个维度探究人的本质，认为"人是两足动物""人是理性动物""人是政治动物"。富兰克林认为"人是能制造劳动工具的动物"，拉美特利认为"人是机器"，费尔巴哈则认为人就是"理性意志和心"，卡西尔提出人是"符号动物"，尼采认为"人是能够允诺的动物"，萨特认为"人就是自由"。遗憾的是，这些哲学家们只是从某一角度或者侧面揭示人的本质。唯有马克思独树一帜，立足社会实践，深刻考察人的本质，全面且详尽地阐释了人的存在、本质和特性，科学阐释了人是实践存在物，是具有自然属性、社会属性、精神属性的"三位一体"存在。

马克思认为，人是一个整体，人性实质上是人在其活动过程中作为整体所表现出来的与其他动物所不同的特性。这种特性主要指向人在同自然、社会和自己的三种关系中，作为自然存在物、社会存在物和有意识的存在物所表现出来的自然属性、社会属性和精神属性。三者相互联系、相互作用，形成人性的系统结构，完整地表征了作为整体存在的人。[1]

1　李敏，葛海丽．语文深度学习：概念演进与未来走向 [J]．当代教育与文化，2020, 12(4): 39–44.

（二）全人教育理论

全人教育理论源于人本主义教学理论，该理论以罗杰斯为主要代表。罗杰斯指出，全人教育即以促进学生认知素质、情意素质全面发展和自我实现为教学目标的教育。人本主义教学理论主张真正的学习经验能够促使学习者自我发现、挖掘个人独特品质，发现自己作为一个人的特征。因此，学习的本质即"成为"——成为一个完善的人。这种理念主张构成了全人教育的思想基础。

日本教育家小原国芳认为，理想的教育应该包含人类的全部文化，理想的人应该是全人，应该具备人类的全部文化，教育应该以培养具备真（学问）、善（道德）、美（艺术）、圣（宗教）、健（身体）、富（生活）等全面发展的人为目标。[1]

西方教育学家提炼出全人教育的核心观点，具体如下。

（1）全人教育致力于全面发掘每个人的智力、情感、社会性、物质性、艺术性、创造性与潜力。

（2）全人教育追求人类之间的理解与生命的真谛。

（3）全人教育注重培养学生的人文精神。

（4）全人教育鼓励跨学科的交流互动与知识的有机融合。

（5）全人教育主张实现学生精神世界和物质世界的平衡，强调生命的和谐与愉悦。

（6）全人教育的目标是培养具有整合思维的地球公民。[2]

全人教育是培养"全人"或"完人"的教育。就教育目的而言，全人教育旨在以健全人格为基础，推动学生全面发展，使个体生命的潜能得到自由、充分、全面、和谐、持续发展。简言之，全人教育的目标是将学生培育成有

1　徐淑猛. 小原国芳"全人教育"思想的研究 [D]. 南京师范大学 .
2　张淑美、蔡淑敏译. 学校为何存在？美国文化中的全人教育思潮 [M]. 台北：台北市心理出版社，2007.

道德、有知识、有能力、和谐发展的"全人"。

二、办学理念

学校秉承"童蒙养正 学以立人"的办学理念，让每一个孩子拥有美好的童年，为幸福人生奠基。

（一）童蒙养正

"童蒙养正"的思想来源于《易经》。"童蒙养正"是指对 3~13 岁儿童进行圣贤智慧的熏陶，培养其端正的心性及行为，包含两个方面的内容：一是教育孩子懂得洒扫应对进退之礼，孝亲尊师之道；二是激发孩子的悟性，引导孩子认字读书，通过读书来明事理、明天地之大道。

《易经·序卦传》："蒙者，蒙也，物之稚也。"指出"蒙"是事物在幼稚阶段的状态。事物刚开始的时候，肯定会有迷蒙，儿童生长规律亦然。[1]"童蒙"指 3~13 岁的儿童，这正好和小学生年龄阶段相对应。《易经·蒙卦》："蒙以养正，圣功也"一语道出教育的至高目标——养正教育。教育要慎始，开始的方向是人生最重要的学程，决定了人生的方向。[2]

中国古人总结出人性教育的四阶段论，即"幼儿养性，童蒙养正，少年养志，成人养德"，较好地阐述了人生中不同阶段的教育侧重点。3~13 岁的儿童，理解能力尚未完全形成，知识未开，对父母的依赖较多，但也因为涉世未深，心性仍然纯净。在这一阶段，我们应该趁着他们心性纯净，让他们时常接受圣贤光明正直思想的熏陶，涵养其气质，陶冶其性灵，开阔其心胸，

---

1 王晶. 幼儿园核心理念设计案例 [J]. 早期教育（教育教学），2019(10):13.

2 滕云霞. 童蒙养正在书海 [J]. 中国德育，2013 (23): 78–79.

端正其品行。

无论社会如何变迁，"童蒙养正"都是儿童阶段最重要的成人目标。在儿童时期，亦即人生的初始阶段，学校要引导儿童树立正确的人生观和价值观，重点强化良好的行为习惯和纯正的品德，方能为儿童未来成为一个人格健全、心性善良的人打下温暖的人生底色。

（二）学以立人

"学以立人"亦即学以成人。学以成人是中国古代传统的思想智慧。人所以成人，必须经由后天不断地学习才能逐渐实现。简言之，学校教育应该通过学程，让儿童在自然属性、社会属性、精神属性三大领域得以全面发展，主要包括培德、健身、启思、展艺四个方面。

学习是学和习的有机统一。《论语·学而》有言："学而时习之，不亦说乎！"

《礼记·月令》中"鹰乃学习"是中国"学"与"习"合用意义上最早的记载。

"学"在中国古代汉语中有两种解释。一是《辞源》中指出，"学"就是"仿效"。在最初的意义上，"学"主要表现为年轻的氏族成员向老一辈仿效农业种植、狩猎、捕鱼、采摘、畜牧养殖、制陶制衣以及人际交往等动作性技能，获取更多的食物，求得自我生存和部落壮大，实现人类种族的不断延续和发展。二是东汉许慎的《说文解字》一书认为，"xue，觉悟也。从臼从爻从冖从子，尚矇也，臼声"，"学"以臼、爻、冖、子结构，寓意上面（前人）对变化（规律）的磋磨（沉淀），孩子在下面稳定的建筑物里得到学习与成长。"觉悟"更多体现了人的内心对客观自然规律以及人伦礼仪的认知与体悟。从字面意思上看，"觉"一般指人类身体器官的各种知觉，包括视觉、听觉、嗅觉、味觉、触觉等，即官能。"悟"是指在人的身体官能觉知的基础上，内心对于"事"与"物"的联系及其规律的认知与体悟。"觉悟"，主要是指对间接经验（书本知识和人伦礼仪规范）进行主动、联系性思考和反刍，从感性认知到理性认识，进而内化为个体经验。

"习"，"训练也""娴熟也"。东汉许慎《说文解字》里说："数飞也，从羽从白。"指雏鹰离开巢臼试着飞行。"习"是熟悉和掌握技能等带有实践属性的行为，既包括动作技能的演练，又包括间接知识内化为个体经验之后，将所学知识运用于日常生活的行为。

要言之，"学习"是人类特殊的实践活动。从学习价值维度而言，人的学习实践融求真、求善、求美于一体，理想的学习价值形态应当通过真善美的整合统一实现生命的自由通达，学习价值本质上就是通达生命的自由。这种自由体现在人与客观世界、他人、自我的关系处理过程中，表现出求真、立善、审美"三位一体"的生命存在形态。从学习目标维度而言，学习的目标在于学会处理人与世界的关系、人与他人的关系、人与自我的关系，实现学习素养的可持续发展，整体提升学生的生命境界。从学习过程维度而言，学习具有认知属性与实践属性两大基本特性。学习的过程既包括"学"程，又包括"习"程，换言之，既包括知识的理解与内化过程，又包括知识在真实生活情境中解决复杂问题的运用过程。

从一个生物体意义上的人成为一个社会学意义上的人，学习不仅是唯一的途径，而且是必经之路。人出生时，在一定程度上只是生物学上的存在，带有某种"本然"的特质。人的完成，在于摆脱这种本然性，逐渐迈向自由的生命状态。在这一过程中，一方面，本然性通过融入人的知、行逐渐展现出其现实的品格；另一方面，人也在"赞天地之化育"，在塑造现实世界的同时确证自身内在的力量和本质特征，这两者实际上是同一过程的两个方面，展现出内在的一致性和统一性。通过学科知识的学习和应用，通过行为习惯的培养和濡染，通过人与世界、他人、自己的互动和交流，人不但发展了理性，还涵养了德性。这样的人，才是心智健全、品格优良的人。

"童蒙养正 学以立人"，一方面强调养正教育是小学阶段的重点目标，另一方面又凸显了学习是立人的根本路径，同时强调所立的人是自由的人，是全面发展的人，是德智体美劳全面发展的人。

三、培养目标

桂园小学明确学校学程的育人目标是培养身心健康、品性优良、认知高阶、精神高雅的中华少年。

基于马克思主义人性论的立场，我们回到"人"的原点，以及人的全面发展内涵重新审视学校育人问题。从自然属性方面讲，学校应注重身心健康和劳动技能的培养；从社会属性层面讲，学校要注重品德修养、人际交往、社会责任、国际理解等方面的培养；从精神属性层面讲，学校应注重认知思维高阶、审美情趣高雅方面的培养。从学生五育并举、全面发展的角度看，要形成德智体美劳的完整闭环。

（一）身心健康

身心健康，主要指向身体和心理两方面。对于学校教育而言，主要是体育教学和心理健康教学两个方面,也涉及体育节、体育俱乐部、心理社团等活动。

（二）品性优良

品性优良，主要指向思想品德、行为习惯和社会交往技能方面。对应学校教育而言，主要是道法教学、班会德育，也涉及学科智育中的倾听能力、交流能力、合作能力。

（三）认知高阶

认知高阶，主要指向学科高阶思维和创造性思维两方面。对于学校教育而言，主要是语文、数学、英语、科学、信息技术等学科教学，也涉及项目式学习、科技节项目中的解决问题的能力和批判性思维。

（四）精神高雅

精神高雅，主要指向艺术审美情趣和文学审美情趣两方面。对于学校教育而言，主要是音乐、美术、舞蹈、书法以及语文学科中文学作品类型的阅读教学、文学名著阅读等，也涉及艺术节、戏剧等展演活动。

（五）中华情怀

中华情怀，主要指学校的育人目标应当是培养热爱中华民族的好少年，应当是培养中国特色社会主义的建设者和接班人。对于学校教育而言，主要是道法、语文学科、中华传统文化等教学，也涉及班会课和国旗下的讲话等。

四、办学特色

（一）现有优势基础

近年来，学校以"每天进步一点点"为德育教育理念，大力开展习惯养成教育，以系列活动为载体，以家庭、社区教育为补充，全方位、多渠道落实良好行为习惯教育，让学生每天都有进步。总体而言，学校在德育工作方面特色凸显，成绩斐然，学校先后获评"深圳市德育示范学校""罗湖区德育创新学校""深圳市德育特色项目学校""深圳市绿色学校"。具体而言，学校重点开展了以下丰富多彩的德育实践探索。

一是构建"学校—家庭—社区"三位一体的德育网络；

二是开设"好习惯养成——快乐成长"活动学程；

三是推行学生行为习惯"优秀奖励券"制度；

四是师生共同修订和拍摄视频《桂园小学学生要做到的 25 件事》；

五是设立"孝心作业"和"好习惯储蓄银行"；

六是开展"我爱我家"垃圾分类环保教育活动；

七是开发并实施"守习校车"学程；

八是开发并实施"知行"学程。

（二）未来特色定位

未来五年，学校在巩固已有基础的情况下，将进一步凸显德育特色，主要基于以下几个方面考虑。

一是国家层面。国无德不兴，人无德不立。党的十九大以来，习近平总书记提出要立德树人，扣好人生的第一粒扣子，进一步强化了德育教育工作的根本性和重要性。

二是学校层面。学校办学理念"童蒙养正 学以立人"强调小学生的德性品行在其人生成长中具有奠基性的地位。

三是德育层面。德育工作是学校的常规工作，受办学条件和资源的制约，艺体特色较少，而且特色积累具有可持续性。

（三）德育特色创建

未来五年，学校以创建德育特色学校为发展目标，以实施德育特色项目为突破口，以构建不同年龄特点的、多元立体的德育活动学程为抓手，在做强做优行为习惯养成教育和垃圾分类环保教育两大德育品牌的基础上，分层分类启动桂园小学十大德育品牌项目。

（1）爱国教育；

（2）习惯教育；

（3）环保教育；

（4）生命教育；

（5）诚信教育；

（6）感恩教育；

（7）礼仪教育；

（8）善良教育；

（9）奋斗教育；

（10）敬业教育。

第三节　学程设计

一、学程建设的政策背景

2015 年 6 月，深圳市教育局印发《关于全面深化中小学课程改革的指导意见》的通知，明确提出课程建设要"坚持落实立德树人根本要求，以'一切为了孩子的健康成长'，为根本理念，把培育和践行社会主义核心价值观融入教育全过程，以全面提升中小学生综合素养为主要任务，以强化学生社会责任感、创新精神和实践能力培养为重点，以体育、艺术和科技教育为特色，抓住育人目标、课程体系、课程内容、教学方式变革、评价与资源建设、教师专业发展等主要环节，系统谋划，大胆探索，力争在重点领域和关键环节取得重大突破，打造教育深圳标准、深圳质量和深圳品牌。"

2018 年 6 月，深圳市罗湖区人民政府颁布《深圳市罗湖区深化教育领域综合改革实施方案（2018—2020）》（简称《实施方案》），将"育人模式改革"目标定为："全面贯彻党的教育方针，全面落实立德树人根本任务，全面实施'新素质教育'，实现社会主义核心价值观在公民层面的四个践行要求——爱国、敬业、诚信、友善；培养能支撑终身发展、适应时代要求的四个关键能力——认知能力、合作能力、创新能力、职业能力；发展能丰盈人生、奠基未来的综合素养——阅读素养、运动素养、语言素养、艺术素养、生活素养和全球素养。"为实现以上目标，《实施方案》明确提出要加强学校课程建设，鼓励每一所学校构建具有学校特色的课程图谱。

学程，即学的课程，是建构课程和学习过程的统一，强调从"课程建构"

到"课堂再造"的过程。活动学程指学校围绕课程标准和学科素养要求，结合学校学生实际，以学生成长发展为中心，重构学校课程资源，组织有效的学习活动，达到相应学习标准的过程。

二、学程设计的基本原则

桂园小学学校学程设计遵循以下四大原则。

（一）传承性原则

在学校原有学程的基础上，通过筛选深受学生欢迎的精品学程，吸取学程管理中的有益经验与做法，在传承中不断寻求新突破。

（二）适切性原则

基于学校办学目标、学校教师特长、学生不同需求、学校功能设施，因校制宜、因人制宜、因地制宜地设计和开发活动学程。以"成为更好的自己"为学程总目标，深入而系统地研究学习与学程改革相关的理论，积极借鉴吸收外部有益经验，同时结合本校实际情况，以实事求是的态度，秉承科学精神和严谨作风，不断在实践中探索、反思、总结，创造性地开展学程设计，将学校的办学目标切实内化于学程中。

（三）前瞻性原则

21世纪，人类社会发展日新月异，人工智能时代已经到来。人工智能时代对人才培养提出了严峻的挑战，学校学程设计不仅要立足现在，更要着眼未来，打造契合未来社会发展的助力性学程。

（四）个性化原则

每一个孩子都是一个独立的个体，多元智能理论认为人人都有多种智能，都有自己的智能强项与弱项，强调善待学生的差异。因此在学程构建时，要在国家学程之外，提供更多个性化的学程，为学生提供更多的选择，满足学生成长的多样化需要，让学生在不断尝试中发现自己的潜能。

三、学程设置的基本框架

（一）基本框架概述

学校在对现有活动学程进行总结反思的基础上，按照深圳市《关于全面深化中小学课程改革的指导意见》《深圳市罗湖区深化教育领域综合改革实施方案（2018—2020）》，对照学校学程体系建设的基本要求，以桂园小学的办学目标为起点，对国家课程、地方课程和校本课程进行全面整合，进而构建出桂园小学活动学程体系。

以马克思全人发展理论为学校教育哲学，以"童蒙养正 学以立人"为学校办学理念，以"成为最好的自己"为学校学程理念，以"培育身心健康、品性优良、认知高阶、精神高雅的中华少年"为学程总目标，依据儿童的认知特点、核心素养的发展取向以及学科间的内在联系，将学校学程从学程内容领域和学程功能领域进行纵向与横向的整合，聚焦人全面发展的内涵，形成融"培德""健身""启思""展艺"于一体的桂园小学活动学程体系。

活动学程体系结构在本质上发生了变化，由原来的线型结构发展为横向全面发展、纵向差异发展的立体结构。活动学程体系以基础型学程、拓展型学程、特长型学程、综合型学程四个维度为纵轴，以"培德""健身""启思""展艺"四大领域为横轴，形成横向衔接、纵向配合的立体学程体系，致力于培养学生"健康生活""责任担当""科学精神""实践创新""人文底蕴""学会学习"六大素养。

桂园小学学程体系顶层设计的逻辑思路

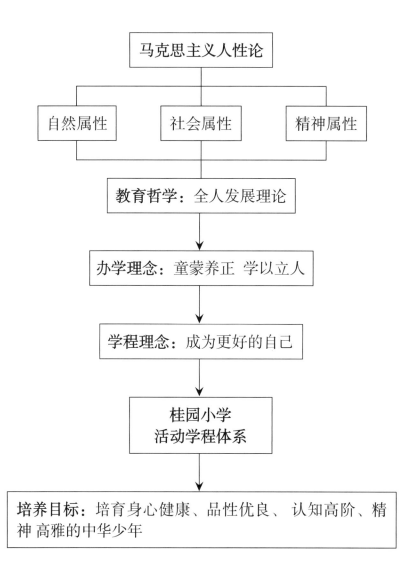

图 1　桂园小学学程体系顶层设计的逻辑思路

桂园小学活动学程体系图谱

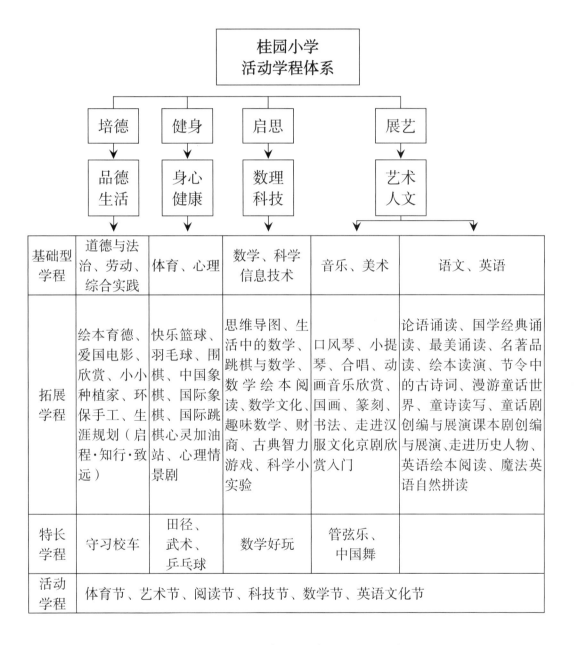

基础型学程	道德与法治、劳动、综合实践	体育、心理	数学、科学信息技术	音乐、美术	语文、英语
拓展学程	绘本育德、爱国电影欣赏、小小种植家、环保手工、生涯规划（启程·知行·致远）	快乐篮球、羽毛球、围棋、中国象棋、国际象棋、国际跳棋心灵加油站、心理情景剧	思维导图、生活中的数学、跳棋与数学、数学绘本阅读、数学文化、趣味数学、财商、古典智力游戏、科学小实验	口风琴、小提琴、合唱、动画音乐欣赏、国画、篆刻、书法、走进汉服文化京剧欣赏入门	论语诵读、国学经典诵读、最美诵读、名著品读、绘本读演、节令中的古诗词、漫游童话世界、童诗读写、童话剧创编与展演课本剧创编与展演、走进历史人物、英语绘本阅读、魔法英语自然拼读
特长学程	守习校车	田径、武术、乒乓球	数学好玩	管弦乐、中国舞	
活动学程	体育节、艺术节、阅读节、科技节、数学节、英语文化节				

图 2　桂园小学活动学程体系图谱

（二）学程的横向设置

根据学程设计的内容领域，我们将学校学程分为品德与生活、身心与健康、数理与科技、艺术与人文四大领域，并和"培德""健身""启思""展艺"的培养目标相互呼应。

品德与生活领域主要对应"培德"，关注教育中的情感因素，旨在提升学生的道德认知能力，培育学生的社会责任感、国家认同感、良好行为习惯、国际视野、社会交往技能。包括道法、劳动、班队会、绘本育德、守习校车等学程，提倡整合校内外教育资源，倡导学生积极参与社会实践和志愿服务等活动，在活动中逐步提高道德认知水平和社会实践能力。这些学程不仅是让学生掌握与道德规范、原则等相关的知识，更强调学生通过实践活动和人际交往树立正确的价值观念，养成良好的行为习惯，增强劳动意识，成为具有高尚道德和良好社会适应能力的人。

身心与健康领域主要对应"健身"，以培养学生健康生活为目标，包括身体健康和心理健康。在身体健康层面，学校通过开设健康教育课、安全教育课等引导学生树立正确的生命观，学会珍爱生命，提高安全防范意识和自我保护能力。同时，学校依据学生年龄特点分年级开展体育特色项目进课堂活动，让每个学生都能掌握一两项适合自己的、终身受益的运动技能，并在这一过程中逐步热爱运动、养成良好的运动习惯。在心理健康层面，借助心灵加油站、心理情景剧等学程培养学生积极的心理品质，使其坚强乐观、自立自强，增强自我控制能力和抗挫折能力，学会科学有效地调控情绪等。

数理与科技领域主要对应"启思"，弘扬"探索发现、实践创造"的科学精神。通过数学、科学、信息技术等基础型学程，让学生掌握数学、科学、信息技术等基本理论知识，用科学的思维方式观察事物、发现问题、解决问题，

进而培养理性思维，为探索发现、实践创造活动打下坚实的基础。通过思维导图、趣味数学、财商、古典智力游戏、科学小实验等学程，鼓励支持

学生大胆尝试、勇于探索，进一步培养学生敢于探究、敢于批判质疑的精神，不断激发学生的创新和创造力，提高学生灵活运用所学知识解决问题的能力。

艺术与人文领域主要对应"展艺"。在艺术学程方面，通过美术、音乐等基础型学程传授艺术知识，培养学生的艺术鉴赏能力，形成健康的审美观念；通过口风琴、小提琴、书法、管弦乐、中国舞等学程进一步丰富学生的艺术体验，激发学生的艺术潜力，让学生在创造和表现中点燃学习热情；艺术节等综合型学程为学生提供展现艺术素养的舞台，增强学生的艺术自信，培养学生在艺术表达和创意表现方面的兴趣，使其获得享受生活之美的情怀，并将这种美在生活中继续拓展和升华。在人文学程方面，借助语文、英语等 基础型学程引导学生掌握语言积累的方法，提高学生在阅读、表达、写作、文化理解以及思辨等方面的认知能力；汉字课、节令中的古诗词、经典诵读等学程可进一步提升学生的文学艺术素养，深化学生对文学的理解和欣赏能力；童话剧、课本剧创编与展演等学程可为学生提供一个展现自我、发挥创意的平台，有效激发和培育学生热爱祖国的深厚情感。

（三）学程的纵向设置

根据学程功能，我们将学校学程分为基础学程、拓展学程、特色学程和综合学程，致力于学生知识的获得、能力的发展和价值观的养成，在确保学生完成共同基础性学程的同时，满足不学生个性化、差异化发展的需要。

1.优化基础学程

基础学程主要由国家学程组成，是学生的必修学程，基础学程占课时总量的70%。我们在实施国家学程的同时，根据学生核心素养的发展需要，对国家课程进行校本化优化重组。优化基础学程，主要体现在学科内容的模块化整合，基础内涵的拓宽，实现深度学习。

2. 丰富拓展型学程

拓展型学程主要是基于学科知识拓展、技能发展的学程，是对国家课程的拓展延伸，采用"必修＋选修"的方式，学程占课时总量的 10%，满足学生进一步学习的需求。

3. 开发特长型学程

特长学程主要是基于学生的个性爱好、特长而开设的技能性学程，属于选修型学程，注重学生音、体、美等领域的技能培养，占课时总量的 10%，满足学生的选择性需求。

4. 开发综合型学程

综合型学程是融合多个有关联的学科，形成广泛的共同领域的学程，占课时总量的 10%。学校综合型学程主要体现为主题节日学程和主题活动学程，让学生在综合实践活动中得到全面发展。综合型学程强调以项目式学习进行多学科整合，打通学科间的联系。

学校活动学程体系的目标并非各自独立，而是相互联系、整体协调。学程培养目标最终指向儿童的全面发展，从"培德""健身""启思""展艺"四个方面全方位育人，旨在培养大写的"人"、站立的"人"、全面的"人"。学校活动学程体系，既有效落实了国家课程，又兼顾了学生的个性发展，有效促进学生全人发展目标的实现。学校将在国家课程改革的指导下，以马克思人学理论为哲学指导，结合学校办学的实际情况和学生发展的需要，不断优化和完善学程体系，丰富学程内容，围绕学校"童蒙养正　学以立人"的办学理念，把人的全面发展与提升学程建设相结合，办好人民满意的教育。

四、学校学程体系的主要特点

学校在对现有学程进行总结反思的基础上，认真学习国家、省、市、区课程改革的方针政策，以"童蒙养正 学以成人"办学理念为基点，以"成为更好的自己"学程改革理念为宗旨，重新进行学程的建构，活动学程体系主要呈现"立体构建、丰富多元、开放共建"三大特点。

（一）立体构建

本学程方案以国家教育方针为指导，以学校办学目标为追求，以马克思主义人性论为哲学基础，以全人发展理论为教育哲学，通过对全人发展需求进行分类分解，再结合核心素养的培养要求，对学程进行重组，设计相应的学程项目，形成"四横四纵"的网状立体学程建构。

（二）丰富多元

学校活动学程整体框架的构建，坚持以核心素养为导向，在培养学生关键能力和必备品格的基础上，充分尊重学生的个性化特点和多样化成长需求，致力于为每个学生量身定制适合的学程。紧紧围绕学生综合素养的培养，紧跟时代步伐，彰显大湾区特色，构建基础、拓展、特色、综合四类功能性学程体系，形成类别丰富、数量众多的学程资源，为学生提供自主选择的空间以及自主选择的权利，促进学生自主、多元、个性化发展。

（三）开放共建

教育时空的打开与融合和教育资源的拓展与链接使教育的张力得以充分释放和延展。活动学程方案充分关注社会教育资源在学校学程建设中的重要意义，充分利用深圳市"四点半课堂"，购买优质特色的社会课程，

结合周边社区、企业单位以及家长资源开发校社（区）合作、校企合作及
家校合作的课程，为学生全面而个性的发展提供开放性学程架构保障。通
过开放共建，活动学程得以延展，学校与社区、社会紧密融合形成教育发
展共同体，创造出更优质的育人路径和环境，为学生的全面发展提供广阔
的空间和丰富的资源。

第四节　学程实施

一、学程开发和实施的阶段

学校学程实施和开发分为四个阶段，具体如下。

（1）前期调研，专家培训；

（2）顶层设计，理念先行；

（3）分步开发，搜集素材；

（4）有效指导，研发教材。

表 1-1 为桂园小学活动学程开发与实施情况进度表（部分）。

表 1-1　桂园小学活动学程实施进度表（部分）

序号	时间	学程名称	学程相关人	备注
1	9月12日	口风琴	王佳慧	准备材料：学程目录及具体资料
2	9月25日	课本剧	苏毅	
		英语绘本分级阅读	高宁宁	
3	10月10日	童话世界	曾莹	
		思维导图	陈晓晴	
4	10月17日	经典古诗文诵读	李璐	
		电影欣赏	主金华	
5	10月24日	绘本剧	赵泽娴	
		最美诵读	杨弈	
		环保手工	陈程	

二、学校学程方案实施的策略

学程方案的实施策略就是从学程"执行人"的角度为学程的实施提供路径保障，使学程不仅有结构和数量的表象变化，还能发生价值有效实现的质变。

桂园小学以"培育身心健康、品性优良、认知卓越、精神高雅的中华少年"为办学目标，学程的质量与实施对办学目标的实现起着关键性作用。为此，我们提出了三个准则：一是因"才"开课，学校要了解每位教师的优势，从每一位教师的优势出发，施展教师的才华，使教师成为学程主要建设者。二是把握时机，学程的实施与自然状况、社会现实、节庆文化等紧密相连。三是借用他力，从学生成长需要出发，发掘一切可以借力的资源，助力学程的高质量实施。

（一）基础学程实施

基础型学程作为活动学程的主体部分，是学校学程的重点。在实施策略上学校以开足开齐国家学程为基本要求，以国家学程为基础，以学生自主发展为根本，对各学科学程采取差异化实施方式，努力探索课堂教学"教与学"的变革，实现国家课程校本化有效实施。

学校根据学生的不同需求，结合学校实际对各学科学程采取差异化实施方式。

分层教学。按照"学生发展适切"原则，在外语、数学等学科，对学有余力的同学，打破常规教学班授课制，采取分层走班上课，通过加快、拓宽、加深等策略满足其学习需求。同时，积极探索基础型学程"一主一翼""一主双翼"，甚至"一主多翼"模式，如语文科安排阅读课，英语科安排口语课，数学科安排研究课，在夯实学生基础性学力的同时，提升学生的发展性学力。

科学设计。按照"教育质量优异"原则，遵循教书育人的科学规律，摒弃"繁、难、偏"的学程内容和偏离实际的学程设置，使学程内容更加贴近学生的日常生活和实际体验，更加符合学生思维发展及心理特点，更好遵循学科的内在逻辑和知识体系特点，提高学程内容的科学性。此外，促进教师进行学科学程的二次设计，提高教学效率。

高效管理。依据深圳市桂园教育集团对教学常规工作的总体要求，结合学校实际，制定《学校教学常规规范指引》，对集体备课、个人备课、听课、上课、作业设计布置及批改讲评等均提出明确而具体的要求。同时制定《学校教学常规检查实施方案》，明确对教学常规工作的检查项目、检查方式、检查内容及要求、结果反馈等。

德育为先。学校推行"知行"德育学程，狠抓常规管理、养成教育。从细节入手，重过程管理，重反馈整改，重反思提升。落实"敬、净、静"教育，大力提倡"入校即静、入班即读"，推进值周班长制和值周学生制的"双值"制度，提升学生的自主管理能力，培养学生成为德智体美劳全面发展的人。

行政表率。学校要求行政干部树立"三个意识"——危机意识、反思意识、行动意识，要求每一位干部除履行日常工作职责外，还要积极走进一线课堂、走进教师群体，将工作重心聚焦到教育教学实践中，每周按时参加所联系学科的教研活动，听取教师们的意见和建议，不断提升自己对教育教学工作的指导能力与服务能力。

（二）拓展型学程实施

拓展型学程作为活动学程的重要组成部分，是落实学校育人目标的重要路径。拓展型学程主要是基于学科知识、技能发展的学程，是对国家课程的拓展延伸。在实施策略上，学校致力于培养学生的主体意识、强化学生的自我认知、改善学生的学习方法、提高学生自主选择与学习能力，开设内容丰富、形式多样的学程，采用"必修＋选修"的方式，满足学生进一步学习的需求。

（三）特长型学程实施

特长型学程主要是基于学生的个性爱好、特长开设的技能型学程，侧重培养学生音体美等领域的技能。特长型学程坚持以学生个性发展为出发点，以学生自主选择为主，涵盖舞蹈、书法、美工、乐器学习、体育运动、编程、朗诵、表演等不同领域的学程内容。学程实施上注重三点：一是规范学程设置，均衡安排学程教学；二是统筹安排教学资源，根据需求协调功能室、美术室、合唱室等活动场馆，合理设置选课组合，积极推进选课走班；三是评价多元，注重评价学生的学习参与度、学习兴趣等。

（四）综合型学程实施

综合型学程主要是综合关联几门学科，进行跨领域教学的学程，以主题节日学程和主题活动学程为主。在学程实施上，注重以下几点。一是围绕主题进行学程设计。例如，围绕学校每年的体育节、艺术节、阅读节、科创节、数学节、英语文化节等开展系列教学活动，突出每一个节日的特色。又如，开展走进文博馆主题活动课，带领学生直观地了解历史。二是加强学科整合，拓展学程内容。如科技节活动是基于语文、美术、科学、数学等学科整合而来的学程内容，以任务驱动的方式培养学生爱观察、勤动脑、敢创新的综合能力。三是注重校内外资源的整合，形成学程合力。如开展走进社区主题活动，学校与周边社区合作，组织学生进入社区开展志愿服务、文化宣传等活动，培养学生的社会服务意识和良好的品质。

第五节　学程保障

一、思想保障

实施和管理活动学程规划是一项综合性、系统化的工程，必须凝聚共识，使教职工深刻认识到开展此项工作的重要价值并将其内化为自觉的教育教学行为，才能确保规划在实践中得以有效贯彻落实。学校从明确育人指向、形成学程理解、达到心理认同、内化行为自觉四个方面做好思想保障。

（一）明确育人指向

组织教师认真学习习近平总书记关于教育的重要论述，全面贯彻党的教育方针，深刻领悟"培养什么人、怎样培养人、为谁培养人"的根本要求，始终坚持"培养德智体美劳全面发展的社会主义建设者和接班人"这一育人使命。

（二）形成学程理解

组织教师参加学程专题培训，学习学程基本理论，理解学校开展活动学程设计、开发、实施的基本路径和具体策略，明确活动学程的基本定位及其重要意义，提高教师的学程理解力与执行力。组织学校教师学习研讨本校活动学程体系，深刻理解本校学程体系赖以构建的相关教育理论和学程哲学，通晓桂园小学学程类型的划分与学生素养培养的关系。

（三）达到心理认同

学校定期召开学程纲要研讨会，组织教师对桂园小学学程纲要进行学习讨论，收集反馈意见和修改建议，共同优化和完善学校学程体系，激发教师参与学程体系建设的积极性和主动性，力求使桂园小学活动学程体系更加完善。

（四）内化行为自觉

学校学程体系建设方案确定后，在实施过程中要注意收集出现的新问题，不断建立健全学校学程管理实施的相关制度，开发学校学程评价指标，根据 学程实施效果（学生评测数据）进行动态调整。经过几轮学程实施周期后，逐渐形成桂园小学的特色学程和品牌效应，凸显学校鲜明的办学特色，形成长期稳定的、积极向上的学校学程文化。

二、组织保障

为切实加强组织领导，确保学校学程改革工作计划有序、扎实有效地贯彻实施与呈现，学校成立学程建设领导小组和学程实施工作小组。

1. 学程建设领导小组

组　长：高水林

副组长：刘派安 李肇贵

组　员：汪影 杨晓娜 孙骋 吕晓澄

主要职责：全面负责学校学程改革工作的总体安排部署，制定学校改革与发展五年规划并组织实施，实行统一领导，分项落实；在经费使用、教学管理制度完善、学程资源开发与建设、师资培训等方面提供制度保障。

2. 学程实施工作小组

组　　长：李肇贵

副组长：汪影 杨晓娜 孙骋 吕晓澄 王立峰 雷键玲 蓝海东

组　　员：科组长 学程开发老师

主要职责：制定和落实学校学程实施方案，做好学程改革实施的监测和评价工作，保证学程实施的质量。

3. 学程专业指导小组

组　　长：校外特聘专家

副组长：李肇贵 校外特聘专家

组　　员：学校专业骨干

主要职责：发挥专业指导功能，指导教师进行选修学程的开发，并对教师所开发的学程进行审核，确认开发的学程能否进入学程库；在实施过程中进行诊断，协助解决问题，帮助学程开发教师改进学程。

三、制度保障

根据学校活动学程体系的相关需要，桂园小学强化制度建设，对制度进行完善，在制度层面为学校学程体系的顺利实施提供保障。

（一）制定学程开发与实施制度

制定《桂园小学学程开发奖励制度》，明确活动学程的质量标准，对通过专家指导组审定的学程开发老师予以奖励，调动教师投入学程研发的积极性，对于特别突出的品牌活动学程，学校对教师出版相关专著给予适当比例资助。制定《桂园小学学程实施管理办法》，明确学校活动学程教师岗位职责、教学要求、工作量计算方法等，并纳入绩效考核工资核算，对学程实施成效显著的教师，每年一次性予以奖励。建立灵活的社会购买学程的外聘教师制度。通过制度建设，保障学生的选课自主权，满足学生的个性化、多样化发展需求。

（二）优化岗位职责制度

进一步优化《学程处主任岗位职责》《教研组长岗位职责》等各类中层干部岗位职责制度，新增细化学程建设方面的职责与任务。学校干部团队要成为学程开发和实施的支持者、先行者、示范者，加强理论学习，在学程建设中发挥引领示范作用。

（三）健全专家咨询制度

聘请校外专家在学校学程纲要正式出台前和实施过程中给予指导，通过论证和评估等多种方式，针对存在的不足及需要改进的地方提出具有建设性、合理性、可行性的意见，从而确保学校学程顶层设计的科学性和严谨性。

（四）实施学程优化制度

在学程实施的同时，专业指导组定期对活动学程实施进展情况进行检查评估，及时把握活动学程实施的进展与水平，提出具体的优化建议。

四、师资保障

学校加强对校长和教师的学程建设系列培训，提高校长的学程领导能力，打造一支适应学校学程体系运转的高素质专业化教师队伍。

（1）组织开展学程基本理论、学程设计与开发、学程实施、学程评价等专题讲座，提高教师的学程素养。

（2）鼓励教师全员参与，根据自身特长，积极开发各类活动学程，为学程建设提供丰富的人力资源。

（3）鼓励教师围绕活动学程开发和实施中的问题开展理论自修，进行课题研究。

（4）整合社会机构资源、高校教科研院所专家资源、家长资源，打造一支校内外相结合的活动学程建设师资队伍。

五、物资保障

为确保活动学程稳步实施和各项课程顺利开设，学校在经费、设施建设等方面给予了充分保障和支持。

（一）经费保障

（1）根据学校发展的实际需要，合理配置资源，提高教育经费的使用效益，在每年的学校经费预算中，划拨相应经费用于深化学程改革，如选修学程开发经费、选修课实践活动经费、购买学程经费、教师培训经费、学程改革质量考核奖励经费等。

（2）根据实际情况认真做好专项资金预算，并积极向上级部门申请资金支持。

（3）积极争取社会力量的资金支持，扩大资金来源，推进学校学程改革。

（二）设施保障

（1）教学场地和设施设备做到能用、够用、适度超前。学校仪器、设备和实验室、功能教室均按省中小学教育技术装备标准配备。

（2）根据活动学程实施的需要，学校统一安排教学场地、活动设施和功能室。

（3）针对学校占地面积小，运动场地不足的问题，进一步加强规划，有效利用现有空间，开辟新的运动场地。

第二章

"培德"学程

第一节 守习校车

一、"守习校车"学程纲要

（一）学程设计说明

小学养成教育是小学德育的重要组成部分，养成教育也是学校教育的根本任务和主要内容。小学生入学习惯养成教育是涵养低年级小学生思想品德进而形成综合素养的重要途径，是培育和践行社会主义核心价值观的重要抓手。小学生入学时可塑性强，处于人生的初始阶段，是养成良好行为习惯的关键时期。良好的行为习惯能让孩子一生受益。因此，学校需要根据低年级小学生的身心发展和年龄特点，以指导学生健康成长为目的，创造性地开展工作。学校开设了"守习校车"学程，以进行小学生的养成教育，涉及人际交往方法、学习习惯、文明行为习惯等方面。为将学程有效落实，本学程将预设一年级小学生入学需要处理的人际关系以及应养成的习惯，在真实情境中让孩子养成良好习惯、学会处理人际关系，并且设置了拓展实践环节，让习惯的养成有所延续。

（二）学程目标

（1）深化道德品质教育，落实常规教育。

（2）使学生养成良好的卫生、学习、整理等习惯。

（3）使学生学会与人正确地沟通与交流。

（三）学程内容

时间安排	主题	具体内容
第1周	我是桂园小学生	参观了解校园
第2周	我爱老师和伙伴	认识老师和同学
第3周	我伴四走规范行	学习各类行为规范
第4周	我和班级共成长	布置自己的教室
第5周	我与图书交朋友	学习图书借阅规则
第6周	我有一双小巧手	学习课前准备以及书包整理
第7周	我是学习小能手	学习上课的规范
第8周	我讲文明"净敬静"	学习文明规范
第9周	我能保护我自己	学习保护自己

（四）学程实施

1. 实施对象

本学程实施对象为学校一年级学生。

2. 实施原则

（1）体验性。孩子的行为习惯养成重在体验，在体验活动中学习。

（2）可持续性。实施过程要有延续性，习惯的养成不是一朝一夕的事情。

（3）预见性。一年级新生入学，会遇到很多无法理解或无法解决的问题，我们要做好预设，习惯养成在先，不能等到出现问题再解决问题。

3. 实施条件

（1）空间和时间：授课地点随学程需要转移。

（2）授课教师：班主任。

（3）学习材料："守习校车"活动学程。

（五）学程评价

评价方式有自评、他评、师评。

	自评等级	他评等级	师评等级
我对学校的认识			
同伴交往			
行为规范			
劳动能力			
阅读习惯			
文明礼貌			

（六）素养出口

（1）参加深圳故事大王选拔赛。

（2）参加红领巾争章活动。

二、"守习校车"学程目录

（1）我是桂园小学生；

（2）我爱老师和伙伴；

（3）我伴四走规范行；

（4）我和班级共成长；

（5）我与图书交朋友；

（6）我有一双小巧手；

（7）我是学习小能手；

（8）我讲文明"净敬静"；

（9）我能保护我自己。

三、学程内容节选："我是桂园小学生"

（一）看一看

上学啦，让我们去参观一下新校园吧！桂园小学多美呀！（出示桂园小学各个场所的图片）

（二）学一学

1.请你跟我这样做，行走规范要记牢。（出示图片示范）

上下楼梯靠右行

遵守秩序不拥挤

不喊不叫不吵闹

脚步轻轻我能行

按时上学不迟到

进入校门要问好

东门西门排两队

安全有序回家去

2.我们一起来尝试。（带领小朋友们按照图片所示，进行实地模拟演练）

（三）读一读

亲爱的小朋友，你知道为什么要上学吗？让我们去绘本《老师，我为什么要上学？》里找找答案吧！

（四）小作业

想让更多的伙伴认识你吗？赶紧动手制作一张属于你的姓名牌吧！明天记得带来学校哦。

第二节 绘本育德

一、"绘本育德"学程纲要

（一）学程设计说明

绘本是一种以绘画为主要表现形式、辅以文字说明的儿童课外读物。绘本图画精美、故事情节曲折生动，深受儿童喜爱。当前绘本阅读已经引起语文教师的重视，但在教学中教师多是从语文阅读教学的角度开展绘本阅读教学，以知识讲解为主，忽视了对学生思想道德的培育，没有充分挖掘绘本蕴含的德育主题。对于低年级小学生来说，身心还尚未发育完全，很容易受到外界影响，借助绘本进行德育尤为重要。

本学程巧妙地将绘本阅读与德育相结合，从人与自我、人与他人、人与社会三个维度确定德育主题，挑选相关绘本，让学生感悟绘本内涵，同时引导学生学习绘本中蕴藏的高尚品德，提高语文素养和品德修养。

（二）学程目标

（1）激发学生对绘本阅读的兴趣，提高学生对绘本的理解能力和感悟能力。学生通过对绘本的深入细致阅读，理解故事情节的发展，了解故事人物的个性特点。

（2）提升学生的认知和辨别能力，培养学生正确的价值观。学生通过阅读绘本故事学会善待生命、学会生活、学会感恩、学会珍惜友谊，养成尊重宽容、积极乐观、自信担当的品质，健康快乐成长。

（3）学会与人交流沟通，培养合作能力。学生通过师生共读、小组分享等形式学会合作探讨，发挥所长，培养合作能力。

（三）学程内容

时间安排	主题	具体内容	说明
第1周	导读	（1）什么是绘本？ （2）你喜欢哪些绘本？ （3）我们为什么要读绘本？	
第2～4周	善待生命	（1）《獾的礼物》； （2）《大大行，我也行》。	
第5～7周	学会生活	（1）《根本就不脏嘛》； （2）《超级细菌王国》。	
第8～10周	成长励志	（1）《我也可以飞》； （2）《嚓，嘭！》。	
第11～13周	感恩长辈	（1）《大卫，不可以》； （2）《我爸爸》。	
第14～15周	绘本阅读中期报告会	（1）以小组为单位从前面4个主题中自选绘本共同阅读； （2）以小组为单位绘制阅读小报； （3）小组派代表在班级进行分享。	
第16～18周	珍惜友谊	（1）《彩色的乌鸦》； （2）《我有友情要出租》。	
第19～21周	积极乐观	（1）《沙发底下藏着什么》； （2）《幸运的鸭子》。	
第22～24周	尊重宽容	（1）《我要大蜥蜴》； （2）《月亮之歌》。	
第25～27周	自信担当	（1）《讨厌的大肥猪：送你一朵美丽的"花"》； （2）《花婆婆》。	
第28～30周	期末报告会	（1）以小组为单位从8个主题中自选绘本共同阅读； （2）以小组为单位绘制阅读小报； （3）小组派代表在班级进行分享； （4）评选学期"绘本之星"。	

（四）学程实施

1. 实施对象

本学程实施对象为学校一至二年级学生。

2. 实施原则

（1）趣味性。绘本选择具有趣味性，围绕主题选择符合学生心理特点和学校德育学程的绘本。绘本教学具有趣味性，教学过程中灵活使用简笔画、多媒体动画、小组分享等形式激发学生的阅读兴趣。

（2）情感性。充分挖掘绘本蕴含的德育元素，将德育有机渗透到绘本阅读中。重视学生的情感体验，引导学生将绘本与生活相结合，培养学生积极健康的情感态度。

（3）互动性。通过师生共读、小组分享等加深师生之间、学生之间的交流沟通。

（4）完整性。以整本书阅读为主，引导学生读懂整个故事，整体把握绘本人物特点，领悟故事主题。

3. 实施条件

（1）空间和时间：授课有固定场地和上课时间。

（2）师资力量：具有良好教学素养的学程老师。

（3）学习材料：学生自行准备"绘本育德"中的相关绘本。（《獾的礼物》《大大行，我也行》《根本就不脏嘛》《超级细菌王国》《我也可以飞》《嚓，嘭！》《大卫，不可以》《我爸爸》《彩色的乌鸦》《我有友情要出租》《沙发底下藏着什么》《幸运的鸭子》《我要大蜥蜴》《月亮之歌》《讨厌的大肥猪：送你一朵美丽的"花"》《花婆婆》）

（五）学程评价

形成性评价。给每一位参加学程学习的学生设置绘本育德学员档案，对学生课堂表现进行量化，将学生的评价反馈表、绘本小报、奖状等放入其中，将学生的学习过程和取得成果可视化。

绘本育德课堂评价反馈表（参考）

一级指标	二级指标	三级指标	评价结果			
			自评	学生互评	教师评价	总评
学习能力	学习态度	（1）喜欢绘本学习。 （2）积极参与课堂。				
	学习兴趣	（1）认真完成老师布置的绘本学习任务。 （2）乐于与家长或者朋友分享绘本内容。				
	学习效果	（1）能够理解绘本内容。 （2）能够根据绘本内容自主提出问题。 （3）能够完成老师布置的课堂内外作业或者活动。				
合作交流	主动参与	（1）知道如何与同伴合作学习。 （2）在小组中能够主动承担任务。 （3）能够积极表达个人观点。				
	礼貌倾听	（1）懂得倾听他人。 （2）善于鼓励同伴。 （3）虚心向同伴学习。				
	合作能力	（1）善于帮助组内伙伴。 （2）能够尊重他人的观点和意见。 （3）积极与同组伙伴共同探讨问题。				
	讨论辩论	（1）积极思考并讨论问题。 （2）有个性化、创新性的思维和流畅的语言表达。				

结果性评价。学期末，学生选择一个主题下的绘本完成读书报告，教师根据学生的表现进行评价，选出"绘本阅读之星"。

（六）素养出口

（1）组织绘本小报校园展示活动，将学生绘制的绘本小报在全校展览。

（2）组织学生参加每周五的"红领巾广播站"活动，为全校朗读绘本故事。

（3）组织学生参加每年一度的"故事大王"比赛活动。

二、"绘本育德"学程目录

导读课

（一）善待生命

《獾的礼物》

《大大行，我也行》

（二）学会生活

《根本就不脏嘛》

《超级细菌王国》

（三）成长励志

《我也可以飞》

《嚓，嘭！》

（四）感恩长辈

《大卫，不可以》

《我爸爸》

（五）珍惜友谊

《彩色的乌鸦》

《我有友情要出租》

（六）积极乐观

《沙发底下藏着什么》

《幸运的鸭子》

（七）尊重宽容

《我要大蜥蜴》

《月亮之歌》

（八）责任担当

《讨厌的大肥猪：送你一朵美丽的"花"》

《花婆婆》

三、学程内容节选："善待生命"

环节一：师生共读绘本《獾的礼物》

《獾的礼物》

作者：苏珊·华莱

画者：苏珊·华莱

译者：杨玲玲、彭懿

出版社：明天出版社

故事概要

獾有许多好朋友，如兔子、土拨鼠、青蛙、狐狸等。不论何时何地，只要有朋友需要帮忙，獾都会毫不犹豫地伸出援手。随着时间的流逝，獾渐渐老了，最后永远离开了大家。动物们都为失去这位好朋友感到伤心难过。它们相聚在一起，怀念与獾在一起的生活，谈论着獾教会它们的种种本领，这些都是獾留给它们最宝贵的礼物。在感恩与怀念中，动物们逐渐走出了哀伤。

作者及画者介绍

苏珊·华莱，1961 年出生于英国黑池。她自幼喜爱画图，在完成义务教育后又专门到曼彻斯特综合技术学院学习插画。在学院的学习中，她受到良师的悉心指导和同伴的激励帮助，这对她以后的艺术发展产生了深刻的影响。1984 年，尚为学生的苏珊完成了她的处女作《獾的礼物》。这作品不仅荣获鹅妈妈新人奖的首奖，还在法国荣获数座奖项。之后，苏珊又以獾为主角创作了一系列故事，深受读者喜爱，并得到广泛的认可。

问题提问：

（1）这是一只怎样的獾呢？它的朋友是怎样看待獾的呢？你从书中哪里知道答案的呢？

（2）当獾离开后，它的好朋友们刚开始都很伤心难过，为什么它们后来谈论起獾时，又露出了微笑呢？

（3）獾常常说，在不久的将来，它会走向长隧道的另一头。你认为隧道的另一头是怎样的地方？獾在谈论那个地方时是带着什么样的心情呢？

（4）你害怕死亡吗？你有没有因为某一个人或心爱的宠物的死亡而感到伤心？你是怎样调整心情的呢？

环节二：师生共读绘本《大大行，我也行》

《大大行，我也行》
作者：贝斯·苏珊
画者：皮卡·布朗
译者：林昕
出版社：湖北美术出版社

故事概要

大大似乎无所不能，它跑得快，跳得高。小小呢，虽然极力跟随大大的脚步，却总是显得心有余而力不足。大大会的小小也会，却远比大大做得差。后来小小发现了一件大大不能做到的事，就是大大不能跟随它进入一个小小的洞，进入它的乐园。这隐藏着小小自己的优势，是大大不具备的优势。这个故事告诉我们，大有大的能量，小有小的优势，只要我们善于发现。

作者及画者介绍

贝斯·苏珊，儿童书作者，20世纪60年代出生于英国布赖顿，现在同她的三个孩子和丈夫居住在北伦敦。她一共出版了20多本儿童图书，如畅销书《食堂怪兽》《记忆的瓶子》《大大行，我也行》等。

皮卡·布朗出生于英国卢顿，1975年移居斯诺登尼亚，10年以后才开始从事艺术教育工作。Meadowside儿童读物出版了她的第一本书《大大行，我也行》，代表作还有《玛格丽特的喷泉》。

问题提问：

（1）大大能做哪些事？

（2）大大做的事小小做得到吗？有没有什么事是小小能做，大大做不到的？

（3）你的同学们有什么你没有的本领吗？你有没有别人没有的本领呢？

（4）你怎么看待你与同学之间的不一样呢？

环节三：学生选读推荐绘本

与生命有关的绘本还有很多，如《爷爷变成了幽灵》《外公》《小鲁的池塘》《祝你生日快乐》《一片叶子落下来》，大家选择自己感兴趣的书课下读一读吧。

第三节 爱国主义教育电影欣赏

一、"爱国主义教育电影欣赏"学程纲要

（一）学程设计说明

爱国主义是中华民族的优良传统，具有强大的号召力，推动着中国社会不断前进，是各民族团结一心、共同奋斗的政治基础和道德基础，是社会主义精神文明建设的重要组成部分，也是培育"四有"新人的基本要求。爱国主义教育是我国一项基本的国民教育，在中小学高年级学生中加强爱国主义教育、培养爱国主义情感、提升爱国主义意识，对学生的成长成才具有深远意义。

随着影视网络的迅猛发展和日益普及，社会进入信息时代。影视是学生喜欢的媒体，也是进行爱国主义教育、寓教于乐最有效的形式，且对学生们价值观的形成产生深远的影响。本学程以爱国主义电影为载体，旨在通过影视欣赏让学生了解历史，激发学生的爱国主义情怀。

（二）学程目标

结合学程设计的背景分析，设置学程目标如下。

（1）了解相关爱国影片的历史背景和主要情节。

（2）鉴赏影视作品，激发学生的爱国情怀。

（3）在鉴赏影视作品的基础上，开展影视评论，形成自己的观点。

（三）学程内容

时间安排	主题	具体内容
第 2 ~ 3 周	抗日战争篇《小兵张嘎》	了解影片的历史背景、主要角色和情节，通过影片赏析进行综合探究。
第 4 ~ 5 周	抗日战争篇《闪闪的红星》	
第 6 ~ 7 周	抗美援朝篇《长津湖》	了解影片的历史背景、主要角色和情节，通过影片赏析进行综合探究。
第 8 ~ 9 周	抗美援朝篇《金刚川》	
第 10 ~ 11 周	抗美援朝篇 抗美援朝电影我的推荐	
第 12 ~ 13 周	改革开放篇 纪录片《我们一起走过——致敬改革开放 40 周年》	了解影片的历史背景、主要角色和情节，通过影片赏析进行综合探究。
第 14 ~ 15 周	改革开放篇《照相师》	
第 16 周	我的观影感言	结课汇报。

（四）学程实施

1. 实施对象及课程安排

本学程实施对象为学校三至六年级学生。

学程人数：40 人。

课时：每学期总课时为 15 课时，每周 1 课时。

时间：暂定每周二下午 16:20 ~ 17:20。

2. 实施原则

（1）思想性。充分利用影视资源的优势，将适当主题的爱国主义影片引入学程，对学生进行道德品质、思想情操和爱国主义教育。

（2）主体性。新课标强调，教材设计要符合学生身心发展规律和认知能力，要贴近学生的日常生活经验和想象力，要有助于激发学生的学习热情和创新精神。因此，本学程的内容选择和实施都以学生的年龄特点为依据，以学生为主体，培养学生形成爱国主义价值取向，且将这种爱国主义情怀落实到学习和生活中。

（3）综合性。本学程打破了学科的界限，涉及语文、道德和法制、历史等多种学科素养，有助于培养学生的爱国精神、鉴赏能力以及综合探究等能力。

3. 实施条件

（1）空间和时间要求。授课需有固定场地和上课时间，需要有投影效果较好的教室。

（2）师资力量要求。授课教师需要有一定的电影赏析知识，参与教师要自行学习与了解影片。

（3）学生要求。需要学生有一定的合作探究能力。

（五）评价方式

1. 形成性评价

	老师评价等级	同学评价等级	个人评价等级
对爱国主义影片的喜爱程度			
对相关爱国主义影片历史背景及主要情节的了解程度			
影视鉴赏和评价能力			
合作与探究素养			

2.结果性评价

老师对学生所提交的观影单、佳片推介单、观后感等进行等级评价。

（六）素养出口

（1）学生参加"爱国主义影片"佳片推荐会。

（2）组织学生参加影片观后感的展示和评比。

（3）组织"我最喜爱的爱国电影"演讲比赛。

二、"爱国主义教育电影欣赏"目录

（一）抗日战争篇

1.历史背景——纪录片

2.代表影片一：《小兵张嘎》

（1）电影背景

（2）电影概述

（3）主要角色

（4）综合探究

3.代表影片二：《闪闪的红星》

（1）电影背景

（2）电影概述

（3）主要角色

（4）综合探究

（二）抗美援朝篇

1.历史背景——纪录片

2. 代表影片一：《长津湖》

（1）电影背景

（2）电影概述

（3）主要角色

（4）综合探究

3. 代表影片二：《金刚川》

（1）电影背景

（2）电影概述

（3）主要角色

（4）综合探究

（三）改革开放篇

1. 历史背景

2. 代表影片一：纪录片《我们一起走过——致敬改革开放 40 周年》

（1）纪录片背景

（2）纪录片概述

（3）关键人物

（4）主要事件

（5）综合探究

3. 代表影片二：《照相师》

（1）电影背景

（2）电影概述

（3）主要角色

（4）综合探究

三、学程内容节选：抗日战争电影

（一）导入：背景介绍

抗日战争电影，是指围绕 1931 年至 1945 年抗日战争这一主题所创作的电影。在国产抗战电影发展历程中，早期的作品主要致力于唤醒民众意识、号召全民抗日救国；在抗战的艰苦岁月里，应对时局变化，作品或直接或间接传达抗敌之声；在动荡岁月里，主要通过以古喻今、场景重现等手段展现当时的紧张复杂局势；新中国成立初期，强调人民的历史地位，表现普通百姓在危难关头挺身而出，成为担当历史重任的英雄；进入 21 世纪，该类型作品更多挖掘战争的不同层面，如对战争尾声阶段进行深入刻画，呈现更为理性的创作态度，同时也对历史进行了更为客观的审视。

（二）代表影片一：《小兵张嘎》

1. 电影背景

《小兵张嘎》于 1963 年上映，由北京电影制片厂出品。该片根据徐光耀的小说《小兵张嘎》改编，讲述了主人公小嘎子在老钟叔、罗金宝、奶奶、钱队长等人引领下，逐渐成长蜕变为一名真正的八路战士的故事。

2. 电影概述

抗战时期的河北白洋淀，顽皮莽撞的少年张嘎目睹奶奶为了掩护八路军撤退而惨遭日军杀害后，独自一人到县城寻找游击队排长罗金宝，希望他能帮自己为奶奶报仇。谁知，张嘎真遇见罗金宝时，却误把他当成了汉奸，闹了一场笑话。与罗金宝的误会澄清后，张嘎希望自己能成为一名有枪的小八路战士。由于张嘎太渴望得到一把枪了，他不仅在与胖墩打赌时赖皮，还违背纪律私自将战斗中收缴的真枪藏匿在树上的鸟窝里，再次引发一连串的笑话。

张嘎对那些笑话充满了困惑和不服，他下定决心要为奶奶报仇，便约上胖墩再次前往县城。在县城里，张嘎意外遇到了鬼子龟田和胖翻译，两人试图从张嘎身上捞取好处，经过一番斗智斗勇，他们没有得逞。经历了一系列事情后，张嘎最终从调皮鲁莽的少年成长为一名真正的八路军小侦察员。

3. 主要角色

小兵张嘎、罗金宝、胖翻译、龟田。

4. 综合探究

《小兵张嘎》观影单

栏目	内容
看看电影	
讲讲情节	
说说台词	
评评人物	
谈谈体会	

《小兵张嘎》佳片推介

（三）代表影片二：《闪闪的红星》

1. 电影背景

《闪闪的红星》是 1974 年上映的一部中国儿童红色电影，由八一电影制片厂拍摄出品，李昂、李俊导演，祝新运、赵汝平等人领衔主演。该片主要讲述了在 1930 年至 1939 年那段艰辛困苦的历史时期，少年英雄潘冬子如何成长起来并绽放耀眼光芒的感人故事。

2. 电影概述

在风雨飘摇的 1931 年，大土豪胡汉三统治着潘冬子（祝新运饰）的家乡——柳溪镇。一天，潘冬子挑着柴火经过胡汉三家门口时，被正准备仓促逃命的胡汉三拦截了，胡汉三严刑逼问潘冬子关于他父亲潘行义的行踪。这时，红军在潘行义的引导下顺利打进了柳溪，成功救出了潘冬子。红军在柳溪建立了红色政权，开始打土豪分土地，潘冬子也积极参与这场革命斗争。潘行义在战斗中受伤了，在手术时却主动把麻药让给其他阶级兄弟，这一行为深深触动了潘冬子。

1934 年秋天，红军主力受形势所迫撤离了中央革命根据地。潘行义也随着部队撤退，在离开前他把一颗闪闪的红星留给了潘冬子。然而，红军撤离不久，胡汉三卷土重来，柳溪镇又笼罩在一片白色恐怖之中。

潘冬子和母亲决定先离开柳溪，转移到深山老林里。在当地领导革命斗争的红军干部吴修竹向他们传达了遵义会议的精神，极大鼓舞了潘冬子和母亲，坚定了他们斗争到底的决心。潘冬子的母亲为了掩护乡亲们撤离不幸牺牲，母亲的行为更加增强了潘冬子的革命斗争意识。在闪闪红星的照耀下，潘冬子主动参加革命斗争，与敌人斗智斗勇。他成功破坏吊桥，阻断敌靖卫团的后路，迫使敌人缴械投降；他机智地将盐化成水，成功躲避敌人搜查，把盐送给游击队；他和椿伢子顺利将情报传递给游击队，弄沉敌人的粮船，成功毁坏敌人的搜山计划；面对胡汉三数次试探和逼问，他机智冷静应对，最终砍死了胡汉三，为母亲和乡亲们报仇雪恨，配合了游击队攻打姚湾镇的行动。革命战斗最终迎来了胜利。

1938年，江南地区的红军游击队接到党中央命令，即将奔赴抗日前线。上级组织派潘行义前来接应吴修竹领导的游击队下山，与主力军会和。潘冬子终于和父亲见上面了。潘冬子戴上父亲赠送的那颗闪闪的红星，正式加入红军队伍，成为一名名副其实的红军革命战士，踏上了一条崭新的道路。

3. 主要角色

潘东子、胡汉三、椿伢子、潘行义。

4. 综合探究

《闪闪的红星》观影单

栏目	内容
看看电影	
讲讲情节	
说说台词	
评评人物	
谈谈体会	

《闪闪的红星》佳片推介

第四节　环保手工

一、"环保手工"学程纲要

（一）学程设计说明

本校每天都有许多学生在校午托，午托期间产生了大量废弃的牛奶盒，这些牛奶盒堆积如山，增加了清洁工阿姨的工作量，也增加了生活垃圾总量。在美术教学中，我们发现学生的动手制作能力普遍较弱，缺乏创新意识。

基于上述问题，开设这门学程的目的在于培养学生动手制作手工的能力及创新能力，培养学生的环保意识。该学程所选的材料一部分来源于学校午托学生午餐所产生废弃牛奶盒。引导学生在参与学程学习前，先参与"清洗牛奶盒"的环保活动，收集手工制作的材料，不仅减少了生活垃圾，也有利于环境保护。

（二）学程目标

（1）培养学生的手工制作技能及创新思维。

（2）培养学生的环保意识和习惯。

（3）培养学生的团队合作能力。

（三）学程内容

时间	内容	备注
第 1 周	如何正确清洗牛奶盒、掌握牛奶盒环切割要求	手工学程准备工作
第 2 周	清洗牛奶盒、切割牛奶盒环、掌握牛奶盒"结"的编织秘诀	基本技能学习
第 3 周	清洗牛奶盒、切割牛奶盒环、掌握牛奶盒"转角"的编织	基本技能学习
第 4 周	清洗牛奶盒、切割牛奶盒环、掌握牛奶盒"结"的"锁边"	基本技能学习
第 5 周	清洗牛奶盒、切割牛奶盒环、制作"单肩包"、进行评价	具体款式由学生自主创新
第 6 ~ 7 周	清洗牛奶盒、切割牛奶盒环、制作"鸭舌帽"、进行评价	具体款式由学生自主创新
第 8 ~ 9 周	清洗牛奶盒、切割牛奶盒环、制作"书包"、进行评价	具体款式由学生自主创新
第 10 ~ 11 周	清洗牛奶盒、切割牛奶盒环、制作"开衫马甲"、进行评价	具体款式由学生自主创新
第 12 ~ 13 周	清洗牛奶盒、切割牛奶盒环、制作"裙子"、进行评价	具体款式由学生自主创新
第 14 ~ 16 周	合作完成制作"铠甲"、进行评价	2~4 人为一团队，合作完成一件"铠甲"设计具体款式由学生自主创新

（四）学程实施

1. 学程实施对象及课程安排

本学程实施对象为学校全体学生。

学程人数：20 人。

课时：总课时为 32 课时。每周 2 课时。第 1 课时用于清洗牛奶盒，收集材料；第 2 课时进行编织学程学习。

时间：暂定每周三 16:20~17:45。

地点：桂园小学五楼器材室。

2. 实施原则

以学生为中心、以活动为中心。

3. 实施条件

（1）每周一、三，收集在校午托学生的牛奶盒。

（2）需要 A4 裁纸机 20 台，剪刀 20 把，小篮筐 20 个。

（3）实物投影仪 1 台，电脑 1 台。

（4）其他装饰配件。

（五）学程评价

评价过程拍摄视频存档。对学生作品进行视频拍摄存档。

针对学生作品进行评价。评价方式有自评、他评、师评。

	自评等级	他评等级	师评等级
环保理念			
动手能力			
创新意识			
生活应用			

（六）素养出口

（1）组织学生参加罗湖区每年一届的美术自主欣赏社团"嘉年华"展演。

（2）组织学生参加桂园小学"数学节"义卖活动。

（3）组织学生参加桂园小学"社团文化节"展演。

（4）联系深圳各区环保教育站捐赠环保手工作品，吸引更多市民参与环保活动。

二、"环保手工"学程目录

（一）技能篇

（1）清洗牛奶盒

（2）切割牛奶盒"环"

（3）牛奶盒"结"编织（单"结"、连"结"）

（4）牛奶盒"转角"编织

（5）牛奶盒"锁边"编织

（二）制作篇

（1）牛奶盒中国结制作（独立完成）

（2）牛奶盒鸭舌帽制作（独立完成）

（3）牛奶盒单肩包制作（小组合作）

三、教学内容节选：技能篇

认识牛奶盒

同学们，你们好！我是牛奶盒，是复合纸包装。我是你们身边常见的朋友。

为什么呢？因为我们国家既是牛奶生产大国又是牛奶消费大国，牛奶市场的庞大需求推动了我（复合纸包装）的销量持续增长。我的材料具有极高的回收价值，然而我的制作工艺很特殊，收运处理起来比较难而且成本高，这导致我的实际回收率非常低。快速增长的消费需求与"惨淡"的回收率形成了鲜明对比。未能被回收的我不仅造成了资源的浪费，而且被直接丢弃到自然界会变成无法降解的污染源，对生态环境构成极大破坏。

同学们，我想改变自己的命运，因为我的全身都是宝。我由75%的长纤维纸、20%的塑料和5%的铝组成。这些都是可回收物。现在有技术可以将我的这些成分分离出来，成为新的物品，拥有新的生命。

为探寻我的回收利用的绿色途径，特邀请你在今后喝盒装牛奶的时候，一定要将盒内的牛奶喝光光，有条件时请将我清洗干净并回收。还欢迎你发挥聪明才智帮我"大变身"。

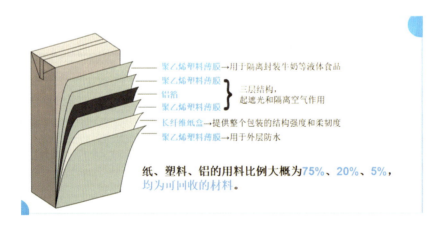

（一）清洗牛奶盒

1.牛奶盒清洗"六部曲"

第一步，搜集统一型号的牛奶空盒（图1）。

第二步，抽出吸管另行放置（图2）。

第三步，掀起牛奶盒的四个角并压平（图3）。

第四步，剪开牛奶盒上下两端；使用剪刀时注意安全（图4）。

第五步，用适量的水清洗干净（图5）。

第六步，将洗干净的牛奶盒自然晾干后，放置回收箱内备用（图6）。

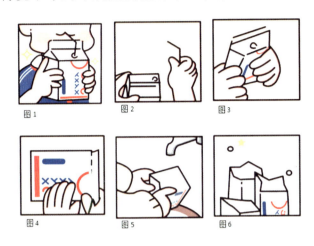

图1　　　图2　　　图3

图4　　　图5　　　图6

2. 清洗牛奶盒学程评价

	自评等级	他评等级	师评等级
环保理念	我学会了用最节水的方式清洗牛奶盒。能安全使用剪刀。 ★★★★★	我的同学学会了如何清洗牛奶盒。使用剪刀也会注意安全。 ★★★★★	他（她）做到了用最节水的方式清洗牛奶盒。使用剪刀也具备了安全保护意识。 ★★★★★
动手能力	牛奶盒上下两端剪平整。 ★★★★★	牛奶盒上下两端剪平整。 ★★★★★	牛奶盒上下两端剪平整。 ★★★★★
创新意识	我用了＿＿＿＿清洗牛奶盒最节水。 ★★★★★	他（她）的这种方法确实很节水。 ★★★★★	他（她）的这种方法确实很节水。 ★★★★★
生活应用	这种方法可以用于清洗生活中的＿＿＿＿。 ★★★★★	能在生活中运用。 ★★★★★	懂得学以致用。 ★★★★★

（二）切割牛奶盒"环"

1. 导入

同学们，上节课我们学习了如何清洗牛奶盒，其中有一个环节是将牛奶盒上下两端平整剪开（图1）。为什么要这么剪呢？因为手工编织的需要，牛奶盒"环"是基本的要素。

2. 方法思考

牛奶盒上下两端剪开后，牛奶盒成筒状，筒状牛奶盒要沿着四条边的任意对角边将其"侧身"压平（图2）。再将牛奶盒切割成牛奶盒"环"（图3）。牛奶盒"环"的尺寸：长是宽的4倍，长：宽 = 4：1。（图4）

牛奶盒"环"的长宽计算方法：牛奶盒"环"的长宽比是4：1，牛奶盒"环"的长是10厘米，请问牛奶盒"环"的宽是多少厘米？

方法1：

设：牛奶盒"环"的宽为 x 厘米。$10 : x = 4 : 1$

$x = 10 \div 4 = 2.5$（厘米）

方法2：

$10 \div 4 = 2.5$（厘米）

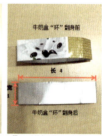

图1 将牛奶盒上下两端平整剪开　　图2 筒状牛奶盒要"侧身"　　图3 筒状牛奶盒被切割成牛奶盒"环"　　图4 牛奶盒"环"　长:宽=4:1

温馨提示：要想编织更顺畅，牛奶盒"环"的宽可以略小1毫米。如牛奶盒"环"的长是10厘米，牛奶盒"环"的宽应为2.5厘米，但实际可以为2.4厘米。

同学们，我们知道如何计算牛奶盒"环"的尺寸的时候，就可以有目的地收集足够多同一尺寸或同一型号的牛奶盒了。你们在使用剪刀或切割工具的时候要注意安全。

3. 切割牛奶盒"环"学程评价

	自评等级	他评等级	师评等级
环保理念	我能将一个牛奶盒切割出最多的牛奶盒"环"，产生比较少的边角料。 ★★★★★	我的同学能将一个牛奶盒切割出最多的牛奶盒"环"，产生比较少的边角料。 ★★★★★	他（她）做到了能将一个牛奶盒切割出最多的牛奶盒"环"，产生比较少的边角料。 ★★★★★
动手能力	我学会了切割牛奶盒"环"，能安全使用剪刀或切割工具。 ★★★★★	我的同学学会了切割牛奶盒"环"，能安全使用剪刀或切割工具。 ★★★★★	他（她）学会了切割牛奶盒"环"，能安全使用剪刀或切割工具。 ★★★★★
创新意识	我能发现牛奶盒"环"其他编织方法。 ★★★★★	他（她）的这种方法确实能避免材料浪费。 ★★★★★	他（她）的这种方法确实能避免材料浪费。 ★★★★★
生活应用	只要认真，就能避免不必要的材料浪费。 ★★★★★	他（她）能认真切割，避免不必要的材料浪费。 ★★★★★	做事认真，善于运用工具，材料浪费少。 ★★★★★

（三）牛奶盒"结"编织（单"结"、连"结"）

同学们，现在我们要进入编织技巧的学习了。在学习前，我们需要做一项很重要的准备工作，我们要收集很多个同一尺寸的牛奶盒，并将其切割成牛奶盒"环"。为了让牛奶盒花色统一，我们需要将牛奶盒翻个身，让有铝箔的一面朝外（图1）。

图 1 牛奶盒"环"要翻身

1. 牛奶盒单"结"编织

牛奶盒单"结"编织需要的材料：4 个相同型号的牛奶盒"环"。我们分别取名：1 号牛奶盒"环"、2 号牛奶盒"环"、3 号牛奶盒"环"、4 号牛奶盒"环"（图 2）。

图 2 牛奶盒"环"1-4 号

编织口诀：

1 钻 2（图 3）；

2 钻 3（图 4）；

3 钻 4（图 5）；

4 钻 1（图 6）；

然后轻轻一拉（图 7），一个牛奶盒"结"就编织完了。同学们，是不是很简单呀？动起手来练练吧！

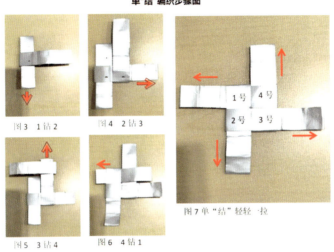

单"结"编织步骤图

图3 1钻2　　图4 2钻3

图5 3钻4　　图6 4钻1

图7 单"结"轻轻一拉

2. 牛奶盒连"结"编织

同学们，我们学习了单"结"的编织，现在挑战学习连"结"的编织。其实方法很简单，我们选择单"结"的任意一边命名为"1号"牛奶盒"环"，再准备"2、3、4号"牛奶盒"环"，编织方法和单"结"编织方法一致。

编织口诀：

1 钻 2（图 8）；

2 钻 3（图 9）；

3 钻 4（图 10）；

4 钻 1（图 11）；

然后轻轻一拉（图 12），一个连"结"就编织完了。

连"结"编织步骤图

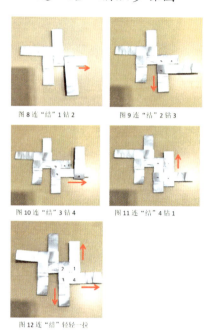

图8 连"结"1 钻 2　　　图9 连"结"2 钻 3

图10 连"结"3 钻 4　　　图11 连"结"4 钻 1

图12 连"结"轻轻一拉

我能行

挑战一：请自学完成双排连"结"的编织（图13）。

图 13

挑战二：请自学完成多排连"结"的编织（图14）。

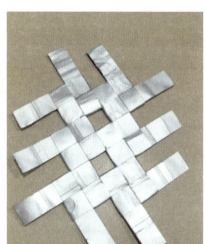

图 14

3. 牛奶盒"结"编织学程评价

	自评等级	他评等级	师评等级
环保理念	原来牛奶盒有这么多妙用。 ★★★★★	我的同学发现了牛奶盒的多种妙用。 ★★★★★	他(她)善于观察，发现了牛奶盒的妙用。 ★★★★★
动手能力	我学会用牛奶盒编"单结"与"连结"。 ★★★★★	我的同学学会了用牛奶盒编"单结"与"连结"。 ★★★★★	他(她)学会了用牛奶盒编"单结"与"连结"。 ★★★★★
创新意识	只要认真、观察、探索，就能发现牛奶盒的多种编织方法。 ★★★★★	他(她)在编织的过程中尝试不同的编织方法。 ★★★★★	他(她)在尝试不同的编织方法。 ★★★★★
生活应用	我学会从源头上减量，就能减少资源的浪费。 ★★★★★	他(她)学会从源头减量，就能减少资源的浪费。 ★★★★★	学会从源头上减量，就能减少资源的浪费。 ★★★★★

（四）牛奶盒"转角"编织

同学们，要想让你编织的牛奶盒"结"立体起来，牛奶盒的"转角"编织就相当重要了。学习编织并不难，只要你细心观察，就能掌握技巧。你准备好了吗？下面我们一起来学习牛奶盒"转角"的编织技巧吧！

1.转角编织口诀

相邻两"结"选右边，

下"结"为1找2环，

1钻2（图1），

上"结"为4钻1孔（图2），

拉紧（图3）找2钻3孔（图4），

拉紧（图5），

中间小洞三角形（图6）。

2."转角"编织步骤图

图1 "转角"1钻2　　　　图2 "转角"4钻1

图3 "转角" 4钻1拉紧　　　　图4 "转角" 2钻3

图5 "转角" 3钻4 拉紧 　　图6 "转角"中间小洞是个三角形

图7 "转角" 其他角度效果图

同学们，学会口诀，看懂步骤，"转角"的编织是不是很简单啦？那么，你能完成下面的挑战吗？

我能行

挑战：如果让你从图8的左边开始编织"转角"，你还能挑战成功吗？并完成"转角"口诀的创编。

图 8

3."转角"编织口诀创编

相邻两"结"选左边，

上"结"为1找2环，

1钻2，

下"结"为4钻1孔，

拉紧找3钻4孔，

中间小洞三角形。

4.牛奶盒"转角"编织学程评价

	自评等级	他评等级	师评等级
环保理念	原来牛奶盒有这么多妙用。 ★★★★★	我的同学发现了牛奶盒的多种妙用。 ★★★★★	他（她）善于观察，发现了牛奶盒的妙用。 ★★★★★
动手能力	我学会用牛奶盒编"转角"。 ★★★★★	我的同学学会了用牛奶盒编"转角"。 ★★★★★	他（她）学会了用牛奶盒编"转角"。 ★★★★★
创新意识	只要认真、观察、探索，就能发现牛奶盒的多种编织方法。 ★★★★★	他（她）在编织的过程中尝试了不同的编织方法。 ★★★★★	他（她）在尝试不同的编织方法。 ★★★★★
生活应用	我学会从源头上减量，就能减少资源的浪费。 ★★★★★	他（她）学会从源头上减量，就能减少资源的浪费。 ★★★★★	学会从源头上减量，就能减少资源的浪费。 ★★★★★

（五）牛奶盒"锁边"编织

同学们，要想完成一件牛奶盒编织作品，"锁边"的技巧是必不可少的。你能学会前面四种技能，那么"锁边"对你来说就不会太难。难度低的事情，你也要认真观察、学习技巧哦。

下面我们来学习"锁边"（图1）技巧。

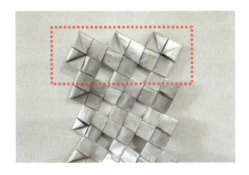

图1 "锁边"

1. "锁边"编织口诀

　　小"结""尾巴"要藏起（图2），

　　"尾巴"靠近小"结"折（图3），

　　折角"尾巴""转身"藏（图4），

　　"尾巴"藏在小洞里（图5、6、7）。

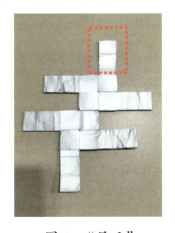 

图2 "尾巴"　　　　图3 "尾巴"靠近小"结"折

图 4　折角"尾巴""转身"　图 5　"尾巴"藏在小洞里

图 6　"尾巴"藏在小洞里　图 7　"尾巴"藏在小洞里

图 8　藏好 3 条"尾巴"　图 9　藏好 6 条"尾巴"

"锁边"就是将小"结"的"尾巴"藏在小洞里，使小"结"更加稳固地团结在一起。

2. 牛奶盒"锁边"编织学程评价

	自评等级	他评等级	师评等级
环保理念	原来牛奶盒有这么多妙用。 ★★★★★	我的同学发现了牛奶盒的多种妙用。 ★★★★★	他（她）善于观察，发现了牛奶盒的妙用。 ★★★★★
动手能力	我学会了用牛奶盒"锁边"编织。 ★★★★★	我的同学学会了用牛奶盒"锁边"编织。 ★★★★★	他（她）学会了用牛奶盒编"锁边"编织。 ★★★★★
创新意识	只要认真、观察、探索，就能发现牛奶盒的多种编织方法。 ★★★★★	他（她）在编织的过程中尝试了不同的编织方法。 ★★★★★	他（她）在尝试不同的编织方法。 ★★★★★
生活应用	我学会从源头上减量，就能减少资源的浪费。 ★★★★★	他（她）学会从源头上减量，就能减少资源的浪费。 ★★★★★	学会从源头上减量，就能减少资源的浪费。 ★★★★★

第三章

"健身"学程

第一节 快乐篮球

一、"快乐篮球"学程纲要

（一）学程设计说明

本学程立足健康体育、体育育人的理念，着重培养学生的团队精神、体育创造精神，以练为主、学练结合，从终身体育和个人发展需求出发，从激发兴趣入手，以培养学生能力为核心，达到学生主动学习、积极参与、在愉快中锻炼、在锻炼中提高的目的。培养学生良好的锻炼习惯，强健体魄，为终身体育打下基础。

此学程以篮球为载体，让学生掌握基本的篮球技巧，如运球、传接球和投篮等。增强同学们的合作意识，让同学们感受篮球运动的快乐，养成良好的运动习惯，增强自信心以及团队的荣誉感，将运动精神融入日常生活和学习中。

（二）学程目标

（1）学习和掌握篮球运动基本技术、战术及理论知识。

（2）掌握篮球技术练习的形式和方法，能够熟练运用主要的篮球技术。

（3）树立终身体育意识，根据实际情况制订切实可行的个人锻炼计划，对体育文化具备一定的鉴赏能力。

（三）学程内容

年级	时间	内容	备注
一、二年级	第1周期（4课时）	球性，运球	认识篮球。培养球感，熟练完成拨球、滚球等球性练习；原地连续运球100次以上。为后面的练习打下基础。
	第2周期（4课时）	双手传接球	熟悉传接球过程中的持球方法、传球手法及接球手法的技巧。两人对传不掉球30次以上。
	第3周期（4课时）	原地双手投篮（小篮筐）	掌握双手投篮的姿势，能把球投进篮筐5次。
	第4周期（4课时）	运球、传接球、投篮之间的组合	将运球、传接球、投篮技术三者结合起来，最后完成投篮进球。
三、四年级	第1周期（4课时）	运球，行进间运球	掌握高低运球技巧，行进间运球急起急停，移动运球中左右换手。
	第2周期（4课时）	传接球，行进间传接球	熟悉传接球过程中的持球方法、传球手法及接球手法的技巧。两人对传不掉球50次以上。
	第3周期（4课时）	投篮，移动投篮	掌握双手投篮的姿势，能把球投进篮筐5次。
	第4周期（4课时）	运球、传接球、投篮之间的组合	将运球、传接球、投篮技术三者结合起来，最后完成投篮进球。
五、六年级	第1周期（4课时）	运球，行进间运球	掌握高低运球技巧，行进间运球急起急停，移动运球中左右换手。
	第2周期（4课时）	传接球，行进间传接球	熟悉传接球过程中的持球方法、传球手法及接球手法的技巧。两人对传不掉球100次以上。
	第3周期（4课时）	投篮，移动投篮	掌握双手投篮的姿势，能把球投进篮筐5次。
	第4周期（4课时）	运球、传接球、投篮之间的组合	将运球、传接球、投篮技术三者结合起来，最后完成投篮进球。

（四）学程实施

1. 学程实施对象及课程安排

本学程实施对象为学校全体学生。

学程人数：20～26人。

课时：每学期总课时为16课时，每周1课时。

时间：每周二下午16:20～17:20。

地点：桂园小学篮球场。

2. 实施原则

篮球教学原则体现了篮球教学的基本规律和特点，可为教师的教学活动和学生的学习活动提供指导，贯穿整个学程实施过程。以下是学程实施的原则。

（1）学生为主体原则。学生为主体原则，强调教师在教学过程中应积极激发学生的学习热情，鼓励学生主动思考、大胆探索、勤奋学习，并自觉掌握篮球的理论知识、技能和战术方法，不断提高观察事物的水平和分析问题、解决问题的能力，以达到最佳学习效果。同时，教学中还要注重培养学生的运动思维能力，提倡构建民主平等的师生关系，营造生动活泼、和谐共融的教学氛围。

（2）循序渐进原则。循序渐进原则，强调在学程实施过程中严格遵循学科的逻辑架构和学生的认知发展规律来推进。由简单、低级、单一的内容逐步过渡到复杂、高级、综合发展的内容，确保学生能够逐步系统地掌握篮球的基本知识、技能和战术，进而形成一套严谨的逻辑思维体系。贯彻这一原则，需要教师按照教学内容的难易程度科学合理地安排教学顺序，注重攻守技战术体系和教学方法的系统性，要按照动作技能习得的规律组织教学活动，从认知定向阶段逐步过渡到巩固提高阶段、熟练阶段。此外，还要合理安排运动负荷，确保学生能够在适度的训练负荷下逐步提升技能水平。

（3）直观性原则。直观性原则，强调充分利用学生的感官体验和已有知识，通过肌肉本体感觉、视觉、听觉等多种途径形成对篮球技术和战术的鲜活感知和生动表象，并使之与思维活动紧密结合，进而有效掌握篮球运动的技术、战术和技能。

3. 实施条件

（1）空间和时间要求。要有固定的场地（桂园小学篮球场）和上课时间，便于学生学习篮球技能。

（2）师资力量要求。篮球教师不仅需要具备一般教师所必备的语言表达能力、观察能力、课堂管理能力等基本素质，还需具备适应学校体育教学的专业能力，如有效组织篮球教学与训练、组织课外篮球活动及各种比赛竞赛、引导学生掌握一定的篮球运动竞技能力等。

（3）学生要求。学生对篮球运动有浓厚的兴趣、具有一定的运动能力，能坚持参加练习，主动分工合作。

（五）学程评价

过程性评价与档案式评价相结合。给每一位参加学程学习的学生设置篮球学员档案，将学生平时的学习计划、练习情况、评价反馈表、奖状等放入其中，将学生的学习过程和取得成果可视化。

结果性评价。从运球的基本姿势、运球熟练度、传球的姿势、接球的稳定性、投篮时的动作、命中率等方面对学生进行测试。

（六）素养出口

（1）区篮球比赛。组织学生参加区级篮球比赛。

（2）学校体育节、班级对抗赛。组织学生参加学校体育节中的篮球比赛和班级对抗赛。

（3）其他展演。组织学生参加各类篮球技巧表演活动。

二、"快乐篮球"学程目录

（一）一、二年级

（1）球性，运球

（2）双手传球接

（3）原地双手投篮（小篮筐）

（4）运球、传接球、投篮之间的组合

（二）三、四年级

（1）运球，行进间运球

（2）传接球，行进间传接球

（3）投篮，移动投篮

（4）运球、传接球、投篮之间的组合

（三）五、六年级

（1）运球，行进间运球

（2）传接球，行进间传接球

（3）投篮，移动投篮

（4）运球、传接球、投篮之间的组合

三、学程内容节选：双手胸前传接球

（一）概念明确

双手胸前传接球是篮球运动中基本、常用的传球方法。只有在传球队员和接球队员之间没有任何对方球员的情况下才可以进行。

（二）技术要领的学习

持球手型：两手包住篮球的两侧，五指尽量张开，拇指成"八"字相对，双手掌心要空出不接触球。

准备姿势：双腿分开站立保持身体平衡，双眼目视前方锁定目标，两肩自然放松，双臂和双腿保持弯曲，便于准备随时发力将球传出。

动作技术：以精准的预备姿势开始，后脚有力蹬地，使身体重心自然而然地向前移动。与此同时，前臂迅速而短促地向前伸展，手腕迅速向上翻转抖动，随后大拇指下压并用食指和中指向传球的方向使劲弹拨，将球传出。

发力顺序：蹬腿、伸展手臂、翻手腕、拨指，自下而上协调发力，简称蹬、伸、翻、拨。

（三）组织教学步骤建议

1. 徒手练习

先通过徒手练习来感受发力的顺序和观察自己的动作。

2. 对墙进行双手胸前传球练习

距离墙面 3 ~ 5 米，可以在墙面划定相应的范围，以提高准确性。如果接球能力较弱，可以选择延长距离，让球落地反弹，适应球的冲击力，学会缓冲收球。

3. 两人一组配合进行双手胸前传球练习

间隔 3 ~ 5 米，传球时注意向前跨步，将球快速传至同伴胸前位置，球的飞行轨迹要平稳。

（四）易犯错误纠正

1. 持球手型不正确，五指并拢，掌心触球

纠正方法：两人一组，相互观察纠错，并在每一次练习前检查持球手型。

2. 上下肢用力不协调，腰部松弛，只用手臂发力

纠正方法：重心降低，屈腿直背，多做徒手练习。

3. 双手用力不均，单臂发力

纠正方法：注意伸臂时手型的保持，先把注意力集中到手部动作上。

4. 准确率低

纠正方法：注意球出手后的固定动作，应该做到手臂伸直向着目标，手掌心向下，四指分开向前，拇指指向地面。

第二节　乒乓球

一、"乒乓球"学程纲要

（一）学程设计说明

秉持"以人为本"的教育理念，坚持学生主体与教师主导相结合，积极扩展教学的空间和时间，使学生系统掌握乒乓球运动的 理论知识和技术技能。通过乒乓球学程的学习，学生能够提升乒乓球技战术的运用能力和专项运动素养，进而掌握一项终身受益的运动技能。此外，乒乓球学程注重培养学生良好的运动习惯、拼搏进取精神、自信心和集体荣誉感，使学生能够将这些融入生活和学习中，为未来的成长和发展奠定坚实基础。

（二）学程目标

（1）掌握乒乓球运动的历史来源、乒乓球运动的基本技能和战术知识、基本竞赛知识以及其他相关知识。

（2）通过训练掌握乒乓球基本功的练习方法、动作要领，熟练掌握基本动作，提高乒乓球技战术水平，增强身体机能和运动能力。

（3）培养学生团队协作能力和努力拼搏的体育精神，增强对体育运动的热爱。

（三）学程内容

学期	阶段	内容
上半学期	阶段一	乒乓球启蒙。
	阶段二	（1）乒乓球基本动作练习。 （2）固定动作进行击球练习。
	阶段三	（1）体能训练。 （2）基本功训练。
	阶段四	（1）体能训练。 （2）一到两项单项练习。
	阶段五	（1）常规训练。 （2）强化训练。 （3）安排与推荐假期训练内容。
下半学期	阶段一	（1）恢复性训练。 （2）常规训练。 （3）基本功训练及简单的组合套路练习。
	阶段二	（1）正反手基本功训练。 （2）战术性套路训练。
	阶段三	（1）正反手基本功训练。 （2）加强战术性套路训练。
	阶段四	（1）体能训练。 （2）正反手基本功训练。 （3）加强战术性套路训练。 （4）接发球、发球训练。
	阶段五	（1）体能训练与步法训练。 （2）加强战术性套路训练。 （3）强化对战练习。 （4）安排与推荐假期训练内容。

（四）学程实施

1. 学程实施对象及课程安排

本学程实施对象为学校全体学生。

学程人数：20 人。

课时：每学期总课时为 16 课时，每周 1 课时。

时间：每周二下午 16:20 ～ 17:20。

地点：桂园小学室内乒乓球场。

2. 实施原则

乒乓球学程的实施原则反映了乒乓球的一般规律和特点，它既可指导教师的教学活动，也可指导学生的学习活动，贯穿学程实施的始终。

以下是学程实施的原则。

（1）教育性、科学性、趣味性原则。突出体育的育人功能，通过组织形式多样的乒乓球教学活动，培养学生团结合作、拼搏进取的体育精神和良好的运动习惯。根据体育运动的客观规律和小学生身心发展特点科学安排教学活动，确保教学过程既富有教育意义又充满乐趣，让学生在轻松愉快的环境中学习和训练，切忌成人化教学。

（2）全面性原则。乒乓球的教学内容与形式要丰富多样，既要满足学生的个性化需求，又要促进学生身体素质和心理素质的全面发展，实现乒乓球普及与学生技能提高的良性发展，让每个学生都能从中受益。

（3）安全第一原则。高度重视学生的安全教育，严格纪律，确保教学活动井然有序。注重热身锻炼和安全意识教育，同时制定切实可行的安全防范措施和应急手段，努力避免校园安全事故。

3. 实施条件

（1）空间和时间要求。授课需有固定的场地（室内乒乓球训练馆）和上课时间，便于学生进行乒乓球学习。

（2）师资力量要求。乒乓球教练既要具备良好的语言表达能力、细致的观察能力、灵活的思维能力等基本素养外，还必须具有适应乒乓球学程教学实际的专业能力，如熟练掌握乒乓球运动的基本理论、技术、技能，掌握身体锻炼的方法，对乒乓球学程有一定教学与研究能力等。

（3）学生要求。学生要对乒乓球运动有浓厚兴趣、具有一定的运动能力，能坚持参加练习，主动分工合作。服装要适合于运动，鞋要为防滑的运动鞋或专业乒乓球鞋。

（五）学程评价

过程性评价。给每一位参加学程学习的学生设置乒乓球球学员档案，将学生平时的学习计划、练习情况、评价反馈表、奖状等放入其中，将学生的学习过程和取得成果可视化。

结果性评价。从握拍姿势、正手攻球动作、反手推和拨的动作、正反手搓球动作等方面对学生进行考察。

（六）素养出口

（1）区乒乓球比赛。组织学生参加区级乒乓球比赛。

（2）学校体育节、班级对抗赛。组织学生参与学校体育节中的乒乓球比赛。

（3）其他展演。组织学生参加各类乒乓球技巧表演活动。

二、"乒乓球"学程目录

上学期

阶段一：

新生乒乓球学程启蒙教程

阶段二：

（1）乒乓球基本动作练习

（2）固定动作进行击球练习

阶段三：

（1）体能训练

（2）基本功训练

阶段四：

（1）体能训练

（2）一到两项单项练习

阶段五：

（1）常规训练

（2）强化训练

（3）安排与推荐假期训练内容

下学期

阶段一：

（1）恢复性训练

（2）常规训练

（3）基本功训练及简单的组合套路练习

阶段二：

（1）正反手基本功训练

（2）战术性套路训练

阶段三：

（1）正反手基本功训练

（2）加强战术性套路训练

阶段四：

（1）体能训练

（2）正反手基本功训练

（3）加强战术性套路训练

（4）接发球、发球训练

阶段五：

（1）体能训练与步法训练

（2）加强战术性套路训练

（3）强化对战练习

（4）安排与推荐假期训练内容

三、学程内容节选：正反手攻球

（一）明确概念

正手攻球又称近台快抽，是乒乓球运动攻球的一种。正手快攻站位离台近、动作小、出手快，借来球的反弹力还击。

反手攻球是乒乓球运动中的一种攻球方式，显著特点是站位近、动作幅度小但球速快，若能巧妙配合落点的变化，往往能创造出更佳的扣杀机会。

（二）动作要领

1. 正手攻球

（1）击球前，左脚稍微向前迈出，呈站立姿势，身体与球台之间大约相距 50 厘米。

（2）当来球即将落到台面时，前臂迅速外展，将球拍后引至身体的右侧稍后方。

（3）当来球从台面弹起时，上臂带动前臂向左前上方迅速挥动，同时前臂进行内旋动作，使拍面形成前倾角度，在上升期击中球的中上部。

（4）在击球过程中，身体重心从右脚移到左脚，以腰部带动大臂，大臂带动小臂完成击球。击球完成后，球拍继续挥动至头部高度，随后快速还原到击球前的准备姿势。

2. 反手攻球

（1）站位靠近球台，左脚稍微向前。引拍时，前臂与台面保持平行，并将球拍引至腹部偏左位置。

（2）上球时，前臂迅速旋外向右前上方挥动，同时手腕协调配合做伸展和旋外转腕的动作，使拍面形成前倾角度，在球的上升期击中球的中上部。

（3）击球完成后，顺势将球拍挥至右肩前方，身体重心从左脚转移至右脚，或者置于两脚之间。

（4）引拍时，右脚掌内侧发力蹬地，右膝关节略微内旋，左膝关节轻微外旋，腰部也略微向左转。

（三）学习正反手攻球

乒乓球技术的掌握离不开持续的刻苦练习，要成为一名优秀的乒乓球选手，每日近台攻球的练习量至少达 5000 板。多球练习可以在单位时间内提高训练的密度和强度，每分钟可完成 30~45 次击球。练习时要逐渐提高步法和手法的配合度，感受发力击球的细微感觉，攻球者需要逐步增强攻球的难度和仿真程度。

练习：（1）原地正手挥拍。

（2）原地反手挥拍。

（3）左推右攻。

第三节　心理健康

一、"心理健康"学程纲要

（一）学程设计说明

良好的心理素质是人的全面素质不可或缺的部分，对未来人才培养具有重要作用。小学生正处于身心发育的关键阶段，他们的心理尚不成熟，认知水平不高，心理调节能力较差，对生活中的一些自然、社会现象认知不足，处理同伴矛盾、家庭冲突、师生关系、学业困惑等缺乏科学有效的方法，从而易滋生紧张、焦虑、烦躁等负面情绪。

本学程以预防性教育为核心，密切结合小学生身心发展规律和常见的心理问题，开展相应的心理健康教育与辅导，预防和减少小学生心理问题，促进小学生形成健康向上的心理品质，提高学生的整体心理素质和心理健康水平。

（二）学程目标

本学程旨在增强学生的心理素质，挖掘并激发学生的潜能，培养学生积极乐观、拼搏向上的心理品质，进而推动学生全面健康发展。

具体来说，学程目标如下。

（1）使学生深化对自我认知的理解，提升学生自我调控、应对挫折、适应多变环境的能力。

（2）使学生形成健全的人格和良好的心理品质，提升学生的心理健康水平，提高学生自我教育、自我成长的能力。

（三）学程内容

时间安排	主题	具体内容
第 1 周	小学生自我意识与心理健康	别人眼中的我
第 2 周		成为怎样的自己
第 3 周		当我不知所措时
第 4 周		我的未来畅想
第 5 周	小学生学习与心理健康	学习很有趣
第 6 周		微笑与压力同行
第 7 周		拒绝拖延
第 8 周		妈妈，请听我说
第 9 周	小学生情绪、情感与心理健康	与情绪做朋友
第 10 周		你的感受我知道
第 11 周		沉静练习
第 12 周		观影疗愈
第 13 周	小学生人际关系与心理健康	友谊之船
第 14 周		合作更精彩
第 15 周		做一个受欢迎的人
第 16 周		保护我们的小秘密

（四）学程实施

1. 学程实施对象及课程安排

本学程实施对象为学校三至五年级学生。

学程人数：40 人。

课时：每学期总课时为 15 课时，每周 1 课时。

时间：暂定每周二下午 16:20 ～ 17:20。

2. 实施原则

（1）全体性原则。小学生心理健康教育是根据小学生身心发展的规律和特点，运用心理教育的方法和手段，旨在培养学生良好的心理素质，促进其身心全面和谐发展和素质全面提高的教育。

（2）差异性原则。贯彻差异性原则，一要充分了解学生的个别差异，根据小学生身心发展的特点和规律，灵活选择教学方法和手段，开展形式多样、富有启发性和感染力、有针对性的心理健康教育活动，切实提升学生的心理健康水平。二要因材施教，注重教育的针对性，确保每位学生都能得到适合自己的心理教育，最终实现全体学生心理素质的提升。

（3）尊重性原则。每一个小学生都是一个独立的个体，都拥有独特的权利和尊严。要真正体现对学生的尊重，教师需要从语言和行动上表现出对学生的尊重。只有教师真正尊重学生，学生才会将教师视为朋友，才愿意向教师倾诉喜怒哀乐，教师才能够深入了解和掌握他们真实的心理状态。教师和学生建立起深厚的信任关系，心理健康教育才能有的放矢，才能取得理想的教育效果。

3. 实施条件

（1）空间和时间要求。授课需有固定场地和上课时间，便于学生进行学程学习。

（2）师资力量要求。需要有专门的心理教师，并具有相应的业务能力、咨询水平和对应资质。

（五）学程评价

过程性评价与档案式评价相结合。给每一位参加学程学习的学生设置学生心理档案，掌握学生的心理状态和动向。

结果性评价。通过问卷等多种形式了解学生的学程所得和心理状况。

（六）素养出口

（1）学校心理健康月的相关作品评比比赛。将学生编撰的优秀作品投稿给报纸刊物，争取发表机会。

（2）区心理健康手抄报、绘画等比赛。

二、"心理健康"学程目录

（一）小学生自我意识与心理健康

（1）别人眼中的我

（2）成为怎样的自己

（3）当我不知所措时

（4）我的未来畅想

（二）小学生学习与心理健康

（1）学习很有趣

（2）微笑与压力同行

（3）拒绝拖延

（4）妈妈，请听我说

（三）小学生情绪、情感与心理健康

（1）与情绪做朋友

（2）你的感受我知道

（3）沉静练习

（4）观影疗愈

（四）小学生人际关系与心理健康

（1）友谊之船

（2）合作更精彩

（3）做个受欢迎的人

（4）保护我们的小秘密

三、学程内容节选：别人眼中的我

（一）暖身操

请看一看你前后左右的同学，想一想他们在你的眼中是怎样的人呢？你可以亲口告诉他们，也可以将想说的在方框中写下来或者画出来。

（二）访问录

与家人、老师、同学、邻居聊一聊，了解一下他们眼中的你是怎样的，并写下来。

爷爷奶奶眼中的我：＿＿＿＿＿＿＿＿＿＿＿＿＿＿＿＿＿＿＿＿

＿＿＿＿＿＿＿＿＿＿＿＿＿＿＿＿＿＿＿＿＿＿＿＿＿＿＿＿＿＿＿＿

爸爸妈妈眼中的我：_____

_____

老师眼中的我：_____

_____

把你访问的结果与同学交流，并把大家写给你的话念给同学听。

小明：呵，原来我是这样的。

小佳：我不是他们说的那样！

小丽：虽然大家说的我并不完全赞同，但我从大家的看法中更加全面地认识了自己。

听了大家的看法，你的想法是和他们三个人中的哪个类似呢？

（三）我思我悟

总体而言，在他人眼中，我是个_____的人。

我自己认为我是个_____的人。

我想成为一个_____的人。

请用你最美好的声音朗读。

你可知道，你是谁吗？在父母的眼里，你是花。他们把如花的模样给了你！把如花的梦幻给了你！

在老师的眼里，你是花。他们用文化的雨露浇灌你！用知识的琼浆哺育你！

在祖国的眼里，你是花。她给了你蓬勃生长的天和地！给了你自由开放的天和地！啊！你是花呀。

啊！你是花呀。看，花儿有大有小，芳香艳丽，懂得自爱和自强，美好的梦幻才会真正属于你。

第四章

"启思"学程

第一节　思维导图

一、"思维导图"学程纲要

（一）学程设计说明

（1）学生缺乏思维工具意识。本学程的开设可以有效避免以往学程学习运用单一记忆方法，刻板无趣、效果不佳的问题，帮助学生培养符号意识和思维工具意识。

（2）传统数学学习中，学生逻辑思维能力和发散思维能力训练不足。要使学生有效运用思维工具，多途径解决问题，有赖于思维逻辑性和发散思维的训练。本学程引导学生使用各类图像和符号将抽象思维可视化，全面提高学生思维的逻辑性，培养学生的发散思维。

（3）数学学习与生活实际、其他学科的关系有待加强。数学学习不能仅停留在数感、量感上，还要关注推理、模型、应用意识的培养。本学程让学生在整理、分析、比较中，深刻理解数学与生活现象和其他学科之间的关系。并引导学生用思维导图解决实际生活中涉及的数学问题，提升学生的应用意识和创新意识。

（二）学程目标

（1）培养学生的思维工具意识，引导学生改变低效、死记硬背的记忆方法，通过思维导图相关要素和操作要领的学习，全面提高记忆效率和思维深度。

（2）提升学生的逻辑思维能力，培养学生自主建构知识框架的意识与能力。通过归类、对比、分析、整合等形式，培养学生逻辑性思维，指导学生运用逻辑思维建构知识框架，用思维导图直观呈现知识体系。

（3）培养学生的发散思维能力。思维导图的图形是向外无限扩散的，它在无数分支的延展中，锻炼学生不断追问、不断深究的能力，激发学生探究求疑、创新求解的发散思维和创新意识。

（4）强化学生关注生活的意识及运用思维工具解决生活问题的能力。激发学生联系所学学科，有意识地运用思维导图解决生活中及跨学科的实际问题，增强应用能力和解决问题的能力。

（三）学程内容

时间安排	主题	具体内容	说明
第1周	认识思维导图	思维导图的含义及特点	思维导图由图像、关键词、颜色、结构四大核心要素组成，是一种可视化思维工具，旨在辅助大脑进行全方位、多角度的思考，帮助人们高效记忆、分类整理、梳理逻辑关系。
第2周		思维导图的作用及绘制要点	
第3周	思维导图的常见结构	圆圈图、泡泡图	思维导图有8种基本结构图，通过对各种不同结构图的学习，学会如何根据所需选用恰当的图形梳理并形成思维导图。
第4周		双泡图、树图	
第5周		括号图、流程图	
第6周		复流程图、桥图	

续表

时间安排	主题	具体内容	说明
第7~8周	思维导图的要素	图像、颜色、关键词、结构	掌握思维导图的各个要素，明晰各要素之间的关系，为正确绘制思维导图奠定基础。
第9~13周	思维导图在生活中的运用	展示自我、做计划 掌握生活技能 迁移其他学科	充分挖掘生活中运用思维导图解决问题的场景，让学生在实际操作中体会思维导图的妙用。
第14~16周	思维导图在数学中的运用	条理清晰地梳理数学知识	让学生运用思维导图梳理数学知识框架，深化对相应知识的理解，培养逻辑思维能力、分类整理能力、模型意识。
第17~20周		解决实际数学问题	用思维导图解决数学问题，培养学生发散思维能力和分析、应用能力及创新能力。

（四）学程实施

1. 学程实施对象及课程安排

本学程实施对象为学校四至六年级学生。

学程人数：24人。

课时：每学期总课时为30课时，每周1~2课时。

时间：暂定每周二下午16:20~17:20。

2. 实施原则

（1）积极发挥学生能动性。思维导图具有图文并重、直观性强、逻辑性强的特点，要充分激发学生的能动性和思维活力，引导学生通过思维导图掌握高效认知事物的方法，加强记忆效果和思维能力。

（2）打破传统思维方式，扎实培育数学核心素养。思维导图突破了传统机械记忆的弊端，将线性思维与条块思维有机结合，拓宽了思维的广度与深度，增强了学生的动手实践能力、自主探究精神和团队合作交流能力，增强了学生的符号意识、推理能力、逻辑思维能力和模型意识，有助于学生掌握有效的思维工具，为挖掘、探索更广阔的数学世界奠定了基础。

（3）注重实践运用，贯通数学与生活、其他学科的联系，培养学生运用思维导图解决问题的能力和创新能力。指导学生关注生活中或数学及其他学科中的问题和场景，引导学生运用思维导图探索解决这些问题的思路，继而合作探究切实有效的方法。

3. 实施条件

（1）绘图的要求。思维导图要素之一是图形，绘制图形需要不同颜色和材质的画笔、适合绘图的各色卡纸及基本的绘画功底。

（2）教师教学要求。思维导图要求教师有一定的构图意识和绘图、审美能力。教师教学中要注意避免给学生出示"标准图"，示例教学后，教师要善于让学生举一反三，着重展示学生思维的不同之处，充分激发学生的创新思维、发散思维与合作精神。

（3）学生学习要求。学生要循序渐进，掌握一定的绘制技巧和思维导图的多种结构后，主动探索、发现生活、数学及其他学科中的问题，创造性运用思维导图建构模型，大胆尝试解决实际问题。

（五）学程评价

运用档案袋和评价手册进行形成性评价。给每一位进行学程学习的学生制作"思维导图'百宝箱'"，将学生学习绘制的思维导图八类图形、用思维导图解决实际生活问题和数学问题的成果等放入其中，并制作评价手册，用"☆"数量评价每一次学习的效果，将学生的学习过程和过程中的进步可视化。档案袋式的形成性评价能够监测学生的学习过程和效果，及时调整努力的方向与目标，让孩子看到自己的进步，从而对每一节课和每一次活动设计充满期待和向往。

思维导图学程形成性评价手册

（使用说明：根据表现涂黑☆，表现越好，涂黑的☆越多）

评价维度	自评	同学评价	师评
知识与基本构图形式的掌握程度	☆ ☆ ☆ ☆ ☆	☆ ☆ ☆ ☆ ☆	☆ ☆ ☆ ☆ ☆
运用思维导图解决问题的意识与能力	☆ ☆ ☆ ☆ ☆	☆ ☆ ☆ ☆ ☆	☆ ☆ ☆ ☆ ☆
思维导图展示的逻辑是否清晰	☆ ☆ ☆ ☆ ☆	☆ ☆ ☆ ☆ ☆	☆ ☆ ☆ ☆ ☆
思维导图使用效果及个人喜爱度	☆ ☆ ☆ ☆ ☆	☆ ☆ ☆ ☆ ☆	☆ ☆ ☆ ☆ ☆
发散思维、创新思维是否体现	☆ ☆ ☆ ☆ ☆	☆ ☆ ☆ ☆ ☆	☆ ☆ ☆ ☆ ☆

终结性评价。本学程有诸多为解决实际生活问题和数学问题而绘制的思维导图，这些是学生学习本学程的直观成果，教师可从解决问题的模型建立情况、思维逻辑性、实效性等角度评价学生的思维导图，并给出"ABCD"不同等级。

（六）素养出口

（1）参加桂园小学"数学节"活动——数学思维导图作品展示比赛。

（2）参加桂园小学社团文化节——创意绘画比赛。

（3）参加班级数学学科单元复习手抄报作品展示活动。

（4）参加"思维导图与生活中的问题"手抄报作品展示。

二、"思维导图"学程目录

（一）知识技能篇

1. 入门课

2. 基础知识

（1）圆圈图

（2）泡泡图

（3）双泡图

（4）树图

（5）括号图

（6）流程图

（7）复流程图

（8）桥图

3. 图像

4. 颜色

5. 词汇

（二）应用篇

1. 生活应用

（1）厘清画像——我是谁

（2）制订计划——我的美好一天

（3）读书笔记——我独一无二的笔记

（4）烹饪教程——我的拿手好菜

（6）旅游攻略——我的奇妙旅行

2. 数学应用

（1）知识梳理

①角

②图形

③时间单位

（2）数学问题解决

①路程问题

②周长问题

③时间问题

④面积问题

三、学程内容节选：知识技能篇

（一）入门课

1. 导语

同学们，你们听过"神笔马良"的故事吗？相传古代有个叫马良的放牛娃，他拥有一支神奇的画笔，不论画什么东西，都能变成实物。正因如此，人们便称他为"神笔马良"。

如果你也和马良一样拥有一支神笔，你想用它来画什么呢？哈哈，不用说，肯定有各种好玩的玩具吧！

可是，还有一大堆作业没完成，怎么办呢？语文作文、数学练习、英语单词……每天写不完的作业困扰着你。现在就给你这支神笔，它能快速启动你的大脑，帮助你高效学习，轻松解决你学习中的问题。但是这支神笔需要一个启动密码，这个密码就是思维导图学习法。

你需要走进这个神秘的世界，探索正确的解锁方式。

这样你就再也不用为学习烦恼啦！准备好了吗？

欢迎走进思维导图，开启探秘之旅！

2. 学习大提问

好奇的你此时脑中一定在想，什么是思维导图呀？

是一张图片吗？思维又是什么呢？怎样用思维导成一张图呢？

思维导图其实一点儿也不复杂，它是一个助你提升思考和学习能力的思维工具；是一种图形笔记法，可以有效增强你的记忆力和创造力；也是一种辅助大脑全方位、多角度思考探究的可视化思维工具；在智能时代，它更是一种高效的学习法，帮助你更好地掌握知识。

3. 思维导图的诞生

（1）是谁发明了思维导图

东尼·博赞(Tony Buzan)，1942 年生于英国伦敦，毕业于哥伦比亚大学，英国头脑基金会总裁、世界闻名的心理学家和教育学家。他因独创发明"思维导图"这一高效易用的思维工具，而被誉为"大脑先生"。他还因成功协助英国查尔斯王子提升了记忆力，而被称为英国的"记忆力之父"。

（2）什么是思维导图

思维导图是指可以把我们脑中的点子、想法，通过带颜色的线条一个个连接起来的呈发散状的图形。

一幅完整的思维导图通常由图像、关键词、颜色、结构四大关键要素构成，是一种新的思维模式。中心图是它的"心脏"，代表整幅作品的中心主题；分支由中心主题向四周发散，结构是呈发散状的。只要你创作的思维导图包含了上述四大要素，你的作品就会很丰富、很完整。

4.思维导图的作用

（1）帮助你学会分类、快速记忆

测测你的记忆力：请同学们在10秒内快速记以下的东西，然后合上书本，回忆自己记下多少。

同学们，10秒的时间，你记住以上所有东西了吗？是不是总会落下一两个甚至更多呢？方法不对，记忆起来会很吃力；用对了方法，则可以事半功倍。我们可以先将上面的东西分类：

第1类是 蔬菜，分别有 白菜、生菜、胡萝卜。

第2类是 水果，分别有 桃子、草莓、苹果。

第3类是 衣物，分别有 短裤、手套、上衣。

第4类是 动物，分别有 老虎、小白兔、天鹅。

现在请你再仔细看一遍下面这张将东西分类的思维导图，然后合上书本，把这张图上所有的东西复述一遍。

在同样的 10 秒时间，是不是分过类后记住的东西更多？

当我们把不同的东西按照属性进行分类梳理后，我们的思维会更清晰，可以快速地把它们记住。

（2）帮助你快速梳理逻辑关系

下图是一张家庭成员关系图，你能快速梳理出各成员之间的关系吗？试一试。

你是否梳理出了他们之间的关系？是用什么方法完成的呢？还有更快、更有效的方法吗？

可以用思维导图来梳理。

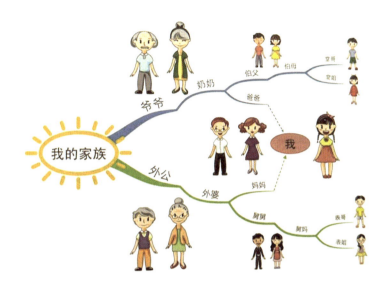

用思维导图梳理人物的关系后，家庭关系结构是不是更清晰了？思维导图可以将繁乱复杂的信息迅速组织起来，并以恰当的方式对信息进行分类，从而帮助你快速梳理结构之间的关系。

5. 思维导图的绘制工具

（1）纸张：建议使用线圈素描本，可以将作品集成册子珍藏起来；或者使用 A4 白纸，信息比较多也可以用 A3 白纸。

（2）准备 12 色彩笔，推荐选择水彩笔，色彩浓郁饱满，且不易脱色。

（3）铅笔、橡皮、小刀等文具。

（4）清醒的大脑，良好的精神面貌。

准备就绪，我们就可以正式开启思维导图之旅了……

（二）基础知识

1. 圆圈图

环节一：生活放大镜（注：在"中国传统节日"插入一个放大镜的图片）

关于中国传统节日你知道多少？

中国，这个拥有五千年灿烂文明的多民族国家，在历史长河中不断向前发展，孕育了众多魅力无穷的传统节日。这些传统节日不仅多种多样、内涵丰富，而且是华夏民族精神和情感的重要载体。传统节日文化深深植根于华夏儿女心中，充满了旺盛的生命力，经过岁月的洗礼，渐渐成为宝贵的财富。

中国传统节日表现了中华民族以和谐为美的思想，展现了华夏儿女对美好生活和社会进步的无限渴望与追求。如此美好又有纪念价值的传统节日，你们知道多少呢？

环节二：思维工具箱

圆圈图：

根据主题展开联想或描述细节。由两个套在一起的圆圈构成，小圈圈是核心主题，外围的大圈圈里是与核心主题相关的细节或特征。

基本形状是这样的：

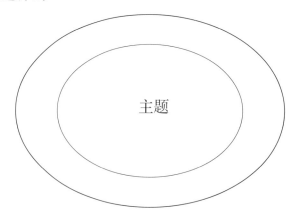

主题

例子：海滩

你能试着为以下 4 幅圆圈图写出它们各自的主题吗？

环节三：思维体验馆（师生共同完成思维导图——中国传统节日）

环节四：生活实践家

我国不仅有很多传统节日，还有二十四节气，你能试着用圆圈图画一画吗?

环节五：小小演说家（交流与分享）

2. 泡泡图

环节一：生活放大镜

关于中国传统节日你了解多少?

中国有众多精妙的民间工艺，如剪纸、染织、版画、雕塑、烙画、麦草画、唐三彩等；有历史悠久的民间艺术，如刺绣、戏剧、国画、评书、皮影戏等；有丰富多彩、独具特色的风俗习惯，如春节家家户户贴春联、元宵节热闹无比的闹花灯、端午节激动人心的赛龙舟、中秋节家人团聚共品月饼赏月等。对于这些你们了解多少呢? 你们是否可以介绍一下自己所了解的每一个节日? 尝试用思维导图把传统节日记录下来，你们会发现这些节日会统统扎根在你们心底，想忘都忘不了!

环节二：思维工具箱

泡泡图：侧重于把一个概念具体展开，强调特征描述。

基本形状是这样的：

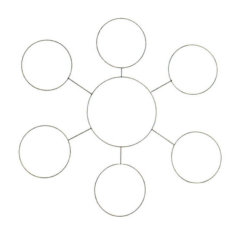

例子：

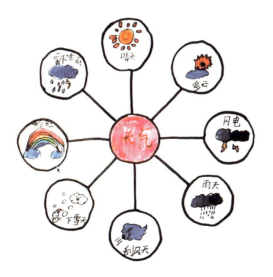

环节三：思维体验馆（师生共同完成思维导图——春节）

环节四：生活实践家

我国有那么多传统节日，你还了解哪些传统节日？选择其中一个试着用泡泡图画一画吧！

环节五：小小演说家（交流与分享）

3. 双泡图

环节一：生活放大镜

绿色出行，环保靠大家！

"你有家，我有家，都爱把家来美化。共同的家是地球，我们不能忘了它。要想地球更美丽，坚持环保是办法……人人都从我做起，生态变美顶呱呱。住在地球大家园，生活幸福乐开花。"

同学们，你知道哪些环保的方法呢？

看，思思也从自身做起，决定绿色出行，争做环保小卫士！这天，思思准备去少儿图书馆看书，家附近有公交站和地铁站（距离差不多），她该选择哪种交通工具呢？你能帮帮她吗？

环节二：思维工具箱（选择思维导图类型、说出原因）

双重气泡图是气泡图的"升级版"，通常用于两种事物的比较和对照。它也是一件分析"神器"，可以帮助学生将两种事物进行直观比较和对照，快速找出它们的异同点。

基本形状是这样的：

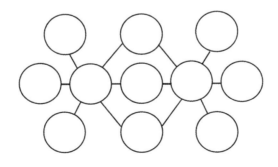

环节三：思维体验馆（师生共同完成思维导图——出行）

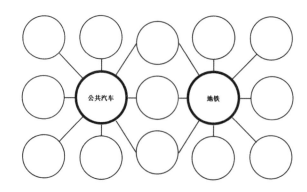

环节四：生活实践家

同学们，你们去市图书馆会选择哪种交通工具呢？为什么选择这种呢？

环节五：小小演说家（交流与分享）

4. 树图

环节一：生活放大镜

情绪分分类，快乐你我他。

同学们，你今天的心情怎么样？你知道人类有哪些情绪吗？

其实，我们可以通过对情绪进行分类和总结，了解层级间的关系，从而更好地管理自己的情绪！

环节二：思维工具箱

树图：多用于分组或分类，采用树状结构呈现事物之间的层次关系，可以用来整理归纳知识，帮助学生培养归纳分类思维。

基本形状是这样的：

环节三：思维体验馆（师生共同完成思维导图——情绪）

环节四：生活实践家

同学们，干净整洁的环境会令人心情愉悦。你可以将自己卧室内的物品分类整理好吗？试着用树图进行分类，提高你的整理效率吧！

环节五：小小演说家（交流与分享）

5. 括号图

环节一：生活放大镜

我认识的动物。

同学们，你们去过动物园吗？你知道哪些动物呢？你知道它们之间有哪些联系吗？

环节二：思维工具箱

括号图：主要用于分析整体与局部的关系。

它的基本图形是这样的：

环节三：思维体验馆

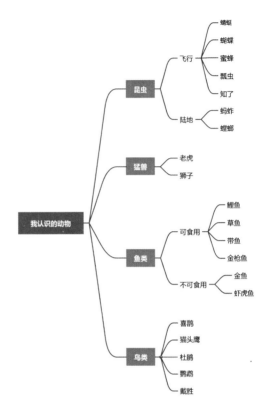

环节四：生活实践家

同学们，你能试着用树图画出你认识的动物吗？

环节五：小小演说家（交流与分享）

6. 桥图

环节一：生活放大镜

你都了解我国哪些省份？这些省份的省会城市又在哪里呢？

环节二：思维工具箱

桥图：是一种常用于类比和类推的图。将一组具有相关性的事物写在桥型横线的上方和下方，根据这种相关性，扩展出更多具有类似关联的事物。

基本形状是这样的：

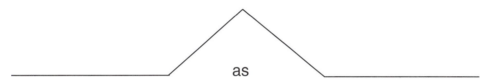

例子：谁的交通工具

能量来源

五官的作用

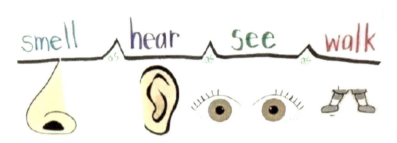

海洋和陆地上的动物亲戚

环节三：思维体验馆（师生共同完成思维导图——你知道的中国省会城市）

环节四：生活实践家

绘制你知道的国家及其首都的思维导图。

环节五：小小演说家（交流与分享）

第二节　数学文化

一、"数学文化"学程纲要

（一）学程设计说明

数学，不仅是一门学科，更是一种文化。"数学作为一种文化"的观点，早在 20 世纪中期就已得到国内外众多研究者的广泛认可。对于数学文化的内涵释义，往往需要植根于人们对"文化"内涵的理解中。文化，作为人的一种存在形式，其内涵丰富深远，范畴极其广泛。可以说，数学中凡是与人相关的一切活动及结果，都可以称为"数学文化"。数学文化中的数学知识、数学方法、数学思维、数学精神、探究活动等都是数学教学的重要内容，数学教育在本质上就是数学文化的教育。2022 年颁布的《义务教育数学课程标准》明确指出，数学课程要注重培养的学生核心素养，即会用数学的眼光观察现实世界、会用数学的思维思考现实世界、会用数学的语言表达现实世界。这些核心素养正是数学在育人功能上的集中体现。数学文化作为数学价值的承载形式，本就内蕴并涵养了丰富的核心素养要素。可以说，数学学科核心素养实际上是对数学文化的加工、深度提炼与升华。将数学文化融入小学活动学程教学，对于发展小学生的数学学科核心素养，是十分必要且具有重要意义的。

（二）学程目标

（1）了解古今中外数学发展的历史，知道一些重大的数学事件。

（2）了解一些杰出数学家的生平事迹，感悟数学家的数学精神和人格魅力。

（3）通过数学游戏和数学实验引导学生感知数学与生活的紧密联系，掌握基本的数学思想方法，并能应用于解决实际问题。

（4）把握数学与其他学科的内在关联。

（5）激发学生学习数学的兴趣。

（三）学程内容

主题	内容
数学发展历史	以重大的数学事件为主线，让学生了解数学的发展史，了解我国古代数学发展历史，体会数学精神。
数学故事	了解数学趣味故事，激发学生对数学的兴趣，并开展学习活动，体验数学的应用。
数学游戏	组织学生一起玩有趣的数学游戏，激发学生对数学的兴趣。
数学活动	组织丰富的数学活动，引导学生感知数学与生活的紧密联系，掌握基本的数学思想方法，用于解决实际问题。

（四）学程实施

1. 学程实施对象及课程安排

本学程实施对象为学校高年级学生（四至六年级）。

学程人数：25 人。

课时：总课时为 18 课时。

地点：桂园小学教室。

2. 实施原则

（1）趣味性。教师通过精心设计的教学活动，充分发挥数学的趣味性，激发学生的学习兴趣。

（2）体验性。以学生为主体，充分发挥学生的动手能力和想象力。

（3）整体性。介绍数学发展史和讲述数学故事，让学生对数学的历史有一定的了解，再通过数学游戏和数学活动提升学生学习数学的兴趣，渗透数学与其他学科的联系。

实施做法：学生自主阅读、分享交流、观看数学影视、组织数学活动等。

（五）学程评价

1. 形成性评价

主要通过学生平时在本学程课堂内外的表现来评定，如学习态度、回答和提问、参与小组讨论、分享学习感悟或者参与班级活动、数学活动任务汇报等，教师可为每一位学生建立一个评价手册及档案，评价主体为小组、个人以及教师三者的有机结合，然后给每位学生一个客观的整体评价。以下评价图表仅供参考（该评价图表包含评价名称、指标、级别、评价主、客体等），教师可根据本校或者本班学情进行调整。

数学文化学习形成性评价参考样表

	老师评价等级	同学评价等级	个人评价等级
数学发展史了解程度			
数学故事了解程度			
数学游戏参与程度			
数学活动完成程度			

2. 过程性评价

作品评分：教师对学生数学活动任务汇报表现进行评价。

（六）素养出口

（1）参加桂园小学"数学节"活动。

（2）参加数学知识竞赛。

（3）组织学生自主设计数学游戏。

二、"数学文化"学程目录

（一）了解数学发展

（1）数学大事件

（2）我国古代数学的发展

（3）数学精神

（4）我们的智慧

（二）趣味数学故事

（1）数字的前世今生

（2）黄金分割与艺术

（3）算盘

（三）数学游戏

（1）数学与生活

（2）我是小小数学家

（3）分比萨饼

（4）解决问题小能手

（5）小小思想家

三、学程内容节选：什么是黄金分割?

（一）观看视频，了解黄金分割

黄金分割：指将整体一分为二，较大部分与整体部分的比值等于较小部分与较大部分的比值，其比值约为 0.618。这个比例被公认为是最能引起美感的比例，因此被称为黄金分割率。

（二）了解黄金分割率在艺术和建筑方面的运用

用尺子测量和验证黄金分割率在艺术和建筑领域的运用，如《最后的晚餐》《蒙娜丽莎的微笑》《埃及金字塔》。

（三）小组活动

假如每个学习小组都是一支服装设计团队，请每个小组设计一张服装设计图，请认真思考，怎样设计才能使你们的设计图更加美观？完成设计之后，小组之间互相交流，互相评价。

Fashion 时尚公司 服装设计图纸
设计团队：＿＿＿＿＿＿

设计说明:
评语:

（四）反思

通过各小组的交流分享，请综合大家的建议和评价，改进自己的设计图。

第五章

"展艺"学程

第一节 口风琴（初级篇）

一、"口风琴"（初级篇）学程纲要

（一）学程设计说明

课标要求小学的音乐教育以感受体验为主，但通过平时的课堂观察发现原有的音乐课不足以满足学生的需求。口风琴不仅具有键盘乐器的特点，又具备吹奏乐器的特点，有助于学生通过吹奏提升音乐体验。然而，学校现阶段只在中高年级的部分班级开展了口风琴教学，在相关活动中缺乏成体系的教材；而传统的音乐教学无法让学生充分感受和体验音乐中的魅力。

本学程以口风琴为载体，通过学习让学生掌握一定的专业技能。课堂上选用两种乐谱同步教学，让学生在学习中掌握基本的乐理知识和口风琴演奏技能，培养学生喜爱音乐的积极情感，培养学生合作与创新素养。

（二）学程目标

（1）学习和掌握乐理知识与口风琴演奏技能。

（2）培养学生喜爱音乐的积极情感。

（3）培养学生合作与创新素养。

（三）学程内容

	内容
初级篇	简要认识口风琴，学习了解 CDEFGAB 七个音名与部分音符、休止符，练习相关曲目，通过个人、小组、集体展演等方式将所学乐理知识呈现出来。
中级篇	进一步认识口风琴，学习了解五线谱加线上的音符、部分节奏型以及音乐记号，练习相关曲目，通过个人、小组、集体展演等方式将所学乐理知识呈现出来。
高级篇	学习了解部分节奏型、八拍子乐曲、全音半音的关系、调的由来及中国五声调式，练习相关曲目，通过集体展演的方式将所学乐理知识呈现出来。学习节奏与各类小乐器节目的创编，并尝试小组自由创编与展演。

（四）学程实施

1. 学程实施对象及课程安排

本学程实施对象为学校二至五年级学生。

学程人数：40 人。

课时：每学期总课时为 15 课时，每周 1 课时。

时间：暂定每周二下午 16:20 ～ 17:20。

地点：桂园小学音乐教室。

2. 实施条件

（1）有钢琴、电脑、投影仪的音乐教室。

（2）学程教材《口风琴》。

（3）学生自备口风琴。

（五）学程评价

1. 学生过程性评价表

	老师评价等级	同学评价等级	个人评价等级
知识与技能的掌握			
对音乐的喜爱程度			
合作与创新素养			

2. 学生结果性评价

作品评分：老师对学生个人展演或小组创编作品进行评价。

（六）素养出口

（1）组织学生参加每年一届的桂园小学元旦展演活动。

（2）组织学生参加每年 5 月份举行的社团文化节的展演。

（3）组织学生参加区级"课堂 + 小乐器"比赛。

（4）组织学生参加社区慰问演出。

（5）组织学生录制视频并将优秀展演视频推荐至学校网站、公众号、显示屏等相关平台进行展示。

二、"口风琴"（初级篇）学程目录

（1）导学课

（2）C 与全音符、全休止符——《钟声》

（3）D/B 与二分音符、二分休止符——《小矮人进行曲》

（4）E 与四分音符、四分休止符——《玛丽有只小羔羊》

（5）A 与附点二分音符——《伞兵》

（6）G 与二度音程——《老麦克唐纳》

（7）F 音——《教堂管风琴》

（8）练习曲 1《闪烁的小星星变奏曲》

（9）练习曲 2《扬基歌》

（10）练习曲 3《把我带回弗吉尼故乡》

（11）练习曲 4《摘棉花的老人》

（12）练习曲 5《"自新大陆"交响曲》

（13）练习曲 6《军号响》

（14）练习曲 7《划呀划》

（15）练习曲 8《乘黄包车》

（16）练习曲 9《班卓琴手》

（17）练习曲 10《公主圆舞曲》

（18）音符与时值复习 1

（19）音符与时值复习 2

（20）小组曲目展演 1

（21）小组曲目展演 2

（22）小组曲目录制与展演 1

（23）小组曲目录制与展演 2

（24）个人曲目展演 1

（25）个人曲目展演 2

（26）个人曲目录制与展演 1

（27）个人曲目录制与展演 2

（28）集体曲目录制与展演 1

（29）集体曲目录制与展演 2

（30）集体曲目录制与展演 3

三、学程内容节选：导学课

（一）口风琴介绍

吹奏技巧：

（1）下颚下垂，下唇贴着牙齿，双唇浅含吹管然后自然收拢。

（2）吸气呼气时运用胸腹的扩张与收缩，关注气息的支撑点，气息的支撑点是否正确决定着音质。

（3）在吹奏过程中，吸气与呼气都应适当控制，既不能吸得太满，也不能把气全部排出，要保持一种自然舒适的状态。

（二）认识乐谱

1. 五线谱

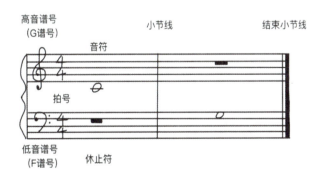

2. 简谱

（三）认识键盘、指法

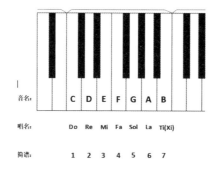

指法：

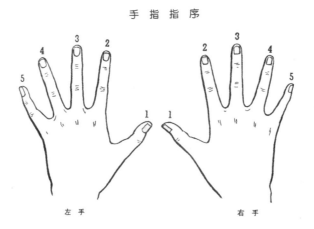

第二节　课本剧：创编与展演

一、"课本剧：创编与展演"

（一）学程设计说明

（1）语文学科活动形式单一。本学程可以丰富语文活动的实践形式。

（2）学生对于课文深度的理解不够，语言敏感度需要提升。语文学科愈发 注重学生的阅读质量，关注是否能让学生产生独特的阅读感受，这种独特体 验和见解在用课文来编排课本剧的过程中能得到充分体现，学生也能进一步理解文中人物。

（3）学生的写作水平和想象力有待提高，尤其是对剧本的写作和赏析训练不足。本学程有助于学生将一篇课文转化为剧本，并从人物性格入手，大胆想象。

（二）学程目标

（1）加深学生对课文的理解，特别是深度理解文中人物。学生通过对文本的深入学习，加深对故事情节和人物特征的理解和把握。

（2）提升学生的写作水平，提高其对语言文字的敏感度。懂得辨别适合剧本创作的课文蓝本，能够将课文转化成剧本，进行自主性、探究性学习活动，培养创新思维。

（3）具备基本的表演技能，发展综合能力。学生将课文中的抽象内容转化为人物语言、动作、神情等表演，学习舞台表演技能。

（4）学会与人沟通交流，团结合作。剧本角色较多，需要小组合作、互相配合、共同完成，学生在这个过程中发挥自身优势、交流协作，提升了团队合作能力。

（三）学程内容

时间安排	主题	具体内容	说明
第1周	课本剧赏析	什么是课本剧	课本剧是以课文为依托，把课文的叙述和描写作为表演的根据，通过表演再现课文本来面目的表演形式。
第2周		如何赏析课本剧	
第3周	课本剧剧本编撰	剧本的写作特点	撰写剧本，是一种深度研读课文、仔细琢磨课文语言、多角度解读人物并将其可视化的行为。剧本是课本剧的基础，剧本撰写前要研读课文，勿随意排演。
第4周		如何将课文改编成剧本	
第5～6周		课本剧剧本的修改与完善	
第7～10周	表演基本技能学习	人物对白、形体、动作、舞台站位训练	课本剧编演，是学生充分锻炼团结协作，学会与人沟通交流，展示自我的机会和平台。
第11～12周		服装、化妆、道具知识了解	
第13～15周	剧目编排	形成剧本后，学程成员进行排演，最终形成完整的表演作品，在表演基本技能的学习中融入剧目的排演。	

（四）学程实施

1. 学程实施对象及课程安排

本学程实施对象为学校三至五年级学生。

学程人数：40人。

课时：每学期总课时为15课时，每周1课时。

时间：暂定每周二下午 16:20 ~ 17:20。

2. 实施原则

（1）关注学生，注重激发学生的主观能动性。关注学生的年龄特点，关注各个层面的学生，让每一个学生都参与到学习中。课本剧的编演可以引导学生通过情景的创设重现课文描写的场景，使学生身临其境，进而帮助学生更好地感受和体验语文课堂。

（2）紧贴课标，着力提升学生语文素养。课本剧的编演打破了课堂教学时间和空间上的局限，将学习过程拉长、学习范围扩大，使多层面的学生都能参与到学习中来，从而感受语文实践的多样性。在排演过程中，学生通过合作互助、交流沟通和创新，学会思考问题和解决问题，获得整体提升。

（3）多元评价，培养创新思维能力与意识。指导学生用喜闻乐见的形式将平面的文字立体化，让学生参与到课本剧排演的全过程，加深学生对戏剧表演的体验。

3. 实施条件

（1）空间和时间要求。授课要有固定场地和上课时间，便于学生进行剧本编撰和剧目排演。

（2）师资力量要求。课本剧演员需要了解表演的基本技能和服化道知识，这需要专业老师指导，与学程老师合作教学。剧本编撰要反映出矛盾的尖锐突出，学程指导老师需要充分了解戏剧冲突点。

（3）学生要求。学生要对阅读写作和表演有浓厚的兴趣、具有一定的阅读分析和表达能力，能坚持参加排练，主动分工合作。

（五）学程评价

（1）过程性评价与档案式评价相结合。给每一位参加学程学习的学生设置课本剧学员档案，将学生编撰的剧本、排演计划、评价反馈表、奖状等放入其中，将学生的学习过程和取得成果可视化。

（2）结果性评价。本学程融合了语文、美术、音乐等学科，贴近学生的学习生活，以学生为主体，立足于学生的整体发展，最终应呈现一部完整的课本剧编演作品，由观众评选出"最佳演员"。

（六）素养出口

（1）剧本写作评比比赛。将学生编撰的优秀作品投稿给报纸刊物，争取发表机会。

（2）学校社团文化艺术节。学程学员每学期排演一出经典剧目，在学校社团文化艺术节上展示。

（3）其他比赛。例如，选取优秀的排演剧目，报送参加区、市级比赛。

二、《课本剧：创编与展演》学程目录

（一）神话篇

1.走进神话的世界

环节一：什么是神话

环节二：什么是神话剧

2.课本剧改编：《精卫填海》

活动一：神话故事和神话剧剧本

活动二：交流评议，完善剧本纲要

3.我编我议

活动一：我的体验与困惑

活动二：星级评比我最棒

4. 我编我演

视频链接：课本剧《精卫填海》

（二）童话篇

1. 敲开童话的大门

环节一：什么是童话

环节二：什么是童话剧

2. 课本剧改编：《丑小鸭》

活动一：小组合作，哪些课文适合改编剧本

活动二：小试牛刀，改编《丑小鸭》

3. 我编我议

活动一：剧本编写拟好幕名

活动二：星级评比我最棒

4. 我编我演

视频链接：课本剧《卖火柴的小女孩》

（三）寓言篇

1. 探索寓言的真谛

环节一：什么是寓言

环节二：寓言小知识

2. 课本剧改编：《揠苗助长》《陶罐和铁罐》

活动一：读一读，选一选

活动二：人物台词知多少

3. 我编我议

活动一：编写剧本，写好台词

活动二：星级评比我最棒

4. 我编我演

视频链接：课本剧《滥竽充数》

（四）历史篇

1. 聆听历史的故事

环节一：什么是历史故事

环节二：合作探究，确定剧本结构

2. 课本剧改编：《西门豹治邺》《将相和》

活动一：读故事，找方法

活动二：合作探究，如何确定戏剧结构

3. 我编我议

活动一：剧本编写

活动二：星级评比我最棒

4. 我编我演

视频链接：课本剧《晏子使楚》

（五）小说篇

1. 感受小说的世界

环节一：什么是小说

环节二：剧本知识小橱窗

2. 课本剧改编：《城南旧事》

活动一：读课文，品童年

活动二：整本书链接

3. 我编我议

活动一：剧本编写拟好幕名

活动二：星级评比我最棒

4.我编我演

视频链接：课本剧《为中华之崛起而读书》

（六）结业大戏——课本剧表演

剧目：《城南旧事》《将相和》

三、学程内容节选：神话篇

（一）走进神话世界

环节一：什么是神话？

神话,作为民间文学的一种独特形式,由远古时期人民集体口头创作而成,分为神鬼的故事和神（鬼）化的英雄传说两种类型。神话故事具有内涵丰富、故事短小、想象力丰富等特点,不仅展现了古人与自然的搏斗,也体现了古人对美好理想的追求,对后世的文学艺术产生了深远影响。比如《女娲造人》《后羿射日》。

环节二：什么是神话剧？

神话剧,即以神话故事为题材的戏剧,在不同国家和时代均有出现,一般改编于历代在民间广为流传的神话故事。比如《普罗米修斯》《哪吒闹海》。

（二）课本剧改编：《精卫填海》

精卫填海

炎帝之少女，名曰女娃。女娃游于东海，溺而不返，故为精卫，常衔西山之木石，以堙于东海。

活动一：探究型学习活动

1.神话故事和神话剧剧本

课文原文

夸父逐日

夸父与日逐走，入日；渴，欲得饮，饮于河、渭；河、渭不足，北饮大泽。未至，道渴而死。弃其杖，化为邓林。

剧本

《夸父逐日》剧本

漫长久远的年代造就伟大的人类进程，无数文人挥笔记下了人类发展的历史。《山海经》就是其中有代表性的作品。它记述了古人类的轨迹，反映了民族精神。例如，《山海经》中对夸父与太阳的竞赛是这样描述的："夸父与日逐走，入日；渴，欲得饮，饮于河、渭；河、渭不足，北饮大泽。未至，道渴而死。弃其杖，化为邓林。"那可敬的夸父与太阳的拼搏是如何展开的呢？下面请欣赏课本剧《夸父逐日》。

第一幕　开篇，与日逐走

太阳太阳（上场）：我是一个圆圆的太阳，每天从东边升起又从西边落下。大地因为我的存在而草木茂盛，人类因我的存在而可以繁衍生息，我是光明和能量的源泉。然而，偏偏有个不自量力家伙要追赶我，唉，这个痴心者又在干什么呢？

夸父（上）：你们看看，大地龟裂，树木焦枯而死，小河枯竭，这些都是天上炽热无比的太阳在作怪，我一定要抓住这个太阳，为大家造福。

旁边的人：那就快去吧！

第二幕 途中，道渴而死

夸父：（向前急走）→动作到位太阳→台←夸父

太阳：夸父，你是在追赶我吗？我在天上，你在地上，你是永远也抓不到我的，不信，你就来试试。

夸父（带着笑容疾走，擦汗）：我要实现抓住太阳的梦想！

太阳（面带笑容）：我奉劝你不要干这徒劳的事。赶快回到你的部落，过平淡的生活吧！

夸父（不停擦汗，大口喘着粗气）：我意已决，再苦再累我也不畏缩。唉！就是太热了，这个火辣辣的太阳，真是与我作对，要是有口水喝多好啊！（手搭凉棚）前面好像有两条大河！真是天助我也！（疾走几步，手捧水不停喝）

旁白：可怜的夸父，啊！你已经喝干了两条大河里的水，你是否感到很痛快！

夸父（大口喘气）：这儿的水真是太少了！要是还有一些就好了！（抓起手杖，继续前进，走路渐慢有些摇摆，倒在地上）

旁白：夸父加油啊！全部落的人还等待着你。

太阳（骄傲，讥讽地笑）：你真是蚍蜉撼大树，不自量力。夸父，追呀，追呀！

夸父（坐在地上断断续续）：你凭着强权灭绝万物，我要为众生讨回公道！（前行，艰难走几步），最终倒在地上。

太阳（心想）：夸父他真的因为我而死了吗？（摇头）他这种执着的精

神太感人了！我也要学他一样为人类造福。

第三幕　尾声，化为邓林

旁白：英勇的夸父倒下了！他的精神并没有消失，夸父丢弃在地上的手杖，借助阳光、雨露的滋润，生长出了桃林，为后人营造了片片绿荫，带来丝丝甘甜。

2. 我来做编剧

交流与讨论：同学们，你们发现神话故事与神话剧有什么不同之处了吗？

小试牛刀：接下来，让我们仿照《夸父逐日》试着把《精卫填海》改编成剧本吧。

精卫填海

_____

_____

_____

_____

整体思路：

夸父逐日

第一幕　开篇，与日逐走。

第二幕　途中，道渴而死。

第三幕　尾声，化为邓林。

精卫填海

_____

_____

_____

角色分工：

夸父逐日

太阳（一位扮演者），夸父（一位扮演者），旁边的人（五位扮演者），旁白（一位扮演者）。

精卫填海

_____

_____

_____

道具安排：

夸父逐日

太阳头饰，夸父的兽皮衣服，旁观人的布衣，大树形状的纸板，河流形状的纸板。

精卫填海

_____

_____

_____

·

活动二：交流评议，完善剧本纲要

题目	
人物	
时间	
地点	
道具	
背景	
幕名	
正文	
幕名	
正文	
幕名	
正文	

（三）我编我议

活动一：谈一谈，编写剧本时，你有哪些体验与困惑

_____

_____

_____

_____

_____

_____

活动二：星级评比我最棒

自评	
学习态度 ☆ ☆ ☆ ☆ ☆	剧本编写 ☆ ☆ ☆ ☆ ☆
合作意识 ☆ ☆ ☆ ☆ ☆	创新思维 ☆ ☆ ☆ ☆ ☆
他评	
学习态度 ☆ ☆ ☆ ☆ ☆	剧本编写 ☆ ☆ ☆ ☆ ☆
合作意识 ☆ ☆ ☆ ☆ ☆	创新思维 ☆ ☆ ☆ ☆ ☆

（四）我编我演

请同学们根据之前编写的剧本纲要，在老师的指引下分好小组，尝试进行第一次课本剧排演吧！期待同学们的精彩表现！

第三节　国学经典诵读

一、"国学经典诵读"学程纲要

（一）学程设计与说明

经典文学作品是人类文化的瑰宝，是民族智慧的结晶。继承和发扬中华优秀文化传统，领悟中华五千年文化的独特魅力，感受先贤的哲思和智慧，是提高小学生文化素质的重要途径。坚持引导学生每天诵读，培养学生日有所读（日有所诵）的良好习惯。学生在诵读过程中慢慢积累，于潜移默化中感受历代文人的思想精髓，在一字一句中感受经典诵读的力量。经典诵读可以启迪智慧，陶冶情操，培养学生的道德品质，使学生逐渐养成博大宽厚的思想品德。同时，探索科学的、启发式的活泼诵读吟演等方式，既符合学生身心发展特点又益于学生身心的健康、兴趣的培养和智力的开发。

（二）学程目标

1. 总体目标

提升学生的人文修养，深化学生的文化素养，发展学生特长，培养学生良好的行为习惯和高尚的道德品质。

2. 具体目标

（1）知识与能力。激励学生读经典文学名著，培养阅读和表达能力，养成良好的读书习惯。

（2）过程与方法。通过经典诵读，培养学生诵读的能力和语言感知能力，积淀文化底蕴。通过经典诵读，使学生在朗读音韵和谐、朗朗上口的文本中获得语感，在朗读中掌握阅读方法，在朗读中品味经典、提升阅读感悟，从而获得成长的能量。

（3）情感与价值观。营造爱读书、会读书的学习氛围，让学生在"兴趣教学""特色活动"中感受读书的乐趣，初步感悟中华民族经典文化的独特魅力，激发学生的爱国情感，培养学生高雅的生活情趣，增强学生的人文素养，使学生自觉成为中华经典文化的继承者和弘扬者。

（三）学程内容

以经典国学名著《三字经》《弟子规》《增广贤文》《论语》《道德经》等内容为主，辅以传统古诗词名篇和文学名著等为选读或推荐内容。

（四）学程实施

1. 学程实施对象

本学程实施对象为学校一至六年级对传统文学和朗诵感兴趣的学生。

2. 实施原则

低年级学段（一、二年级）：以读为主，熟读成诵，能按照一定的韵律诵读乃至背诵。

中年级学段（三、四年级）：背诵全文，并且理解重要句子的含义；写行善日记，积累基本知识，对《弟子规》《三字经》《论语》熟读成诵。

高年级学段（五、六年级）：在学习基础上，适当进行经典古诗文的拓展，积累名句，并在生活和写作中加以运用。对《弟子规》《三字经》《论语》《道德经》熟读成诵。

3. 实施条件

（1）营造浓厚的经典诵读活动氛围。与学校艺术节、班级文化建设等活动紧密结合，充分利用校园广播、宣传板、黑板报等多种途径，全方位宣传经典诵读活动，使学生在日常学习生活中潜移默化地接受经典文化的熏染。

（2）正确把握各学段教与学的方法。针对不同学段的特点和经典文学的内容，灵活选择适合学生的教学方法，如采用老师范读、师生共读、学生展示诵读等多种方式。

（五）学程评价

诵读评价标准要因作品、学段和学生等而有所不同，充分尊重学生诵读水平的个体性差异，采用多元评价，使学生形成良好的朗读习惯，并深入持久地诵读。

（1）根据各周诵读进度进行相应评价。可以是教师、同伴、小组和自评四个部分组成。

（2）关注常态的诵读过程的检查与激励，直接在诵读书中加"☆"或用"A、B、C、D"等级表示。

（六）素养出口

（1）开展诵读擂台赛、诵读表演等，评选诵读小能手，参加诵读擂台活动。

（2）参加桂园小学语文学科"阅读节"活动和各种诗词类的文艺表演节目。

（3）组织学生分享诵读心得，做优秀传统文化诵读的传承者和弘扬者。

二、"国学经典诵读"学程目录

（一）《三字经》（10课时）

（二）《弟子规》（10课时）

（三）《论语》选读（5 课时）

（1）孝顺

（2）立志

（3）为学

（4）宽容

（5）忠信

（四）《增广贤文》选读（5 课时）

（1）感悟

（2）礼仪

（3）道德

（4）读书

三、学程内容节选：《三字经》（节选）

人之初①，性②本善。性相近，习③相远。

苟④不教⑤，性乃迁⑥。教之道，贵以专。

昔孟母，择邻处。子不学，断机杼。

窦燕山，有义方。教五子，名俱扬。

养不教，父之过。教不严，师之惰。

【注释】

①初：开始，开头。②性：性格，本性。③习：习惯，习性。

④苟：如果；假使。⑤教：教育，指导。⑥迁：改变。

子①不学，非所宜②。幼③不学，老④何为⑤。

玉不琢，不成器。人不学，不知义。

为人子，方少时。亲师友，习礼仪。

香⑥九龄⑦，能温⑧席⑨。孝于亲⑩，所当执。

融四岁，能让梨。弟于长，宜先知。

首⑪孝⑫悌，次⑬见闻⑭。知⑮某⑯数，识某文⑰。

一而十，十而百。百而千，千而万。

三才者，天地人。三光者，日月星。

三纲⑱者，君臣义⑲。父子亲，夫妇顺⑳。

曰春夏，曰秋冬。此四时，运不穷。

曰南北，曰西东。此四方，应乎中。

曰水火，木金土。此五行，本乎数。

【注释】

①子：孩子。②宜：应该，适宜。③幼：年幼。④老：年老。

⑤何为：做什么。⑥香：黄香，东汉人。他是一个孝子。⑦龄：岁。

⑧温：暖和。 ⑨席：床席。⑩亲：父母。⑪首：为首，首要。

⑫孝：孝敬父母。⑬次：其次。⑭见闻：学习看到或听到的知识。

⑮：知：知道。⑯某：指代人或事物。⑰文：文理。⑱三纲：纲，指纲领，法则。⑲义：法度。⑳顺：和顺，和睦。

十干者，甲至癸。十二支，子至亥。

曰黄道，日所躔。曰赤道，当中权。

赤道下，温暖极。我中华，在东北。

曰江河①，曰淮济②。此四渎③，水之纪④。

曰岱华，嵩恒衡。此五岳，山之名。

曰士农，曰工商。此四民，国之良。

曰仁⑤义⑥，礼⑦智⑧信⑨。此五常⑩，不容紊⑪。

地所生，有草木。此植物，遍水陆。

有虫鱼，有鸟兽。此动物，能飞走。

稻粱菽，麦黍稷。此六谷⑫，人所食⑬。

马牛羊，鸡犬豕。此六畜，人所饲。

曰喜⑭怒⑮，曰哀⑯惧⑰。爱⑱恶⑲欲，七情⑳具。

【注释】

①江河：长江与黄河。②淮济：淮水与济水。③渎 (dú)：直接流入大海的河川。④纪：代表。⑤仁：指爱心等善良品德。⑥义：做应当做的事。⑦礼：指人事礼节。⑧智：同知，指有才识而明道理。⑨信：指诚实，信用。⑩五常：指仁、义、礼、智、信五种基本德性。常：天道之常。⑪紊：纷乱。⑫谷：谷物的统称，俗称粮食。⑬食：吃的粮食。⑭喜：高兴。⑮怒：生气。⑯哀：忧伤。⑰惧：害怕。⑱爱：倾慕，喜欢。⑲恶：憎恶，讨厌。⑳七情：人的七种感情。

青赤黄，及黑白。此五色，目所识①。

酸苦甘，及辛咸。此五味，口所含。

膻②焦香，及腥朽③。此五臭，鼻所嗅④。

匏⑤土⑥革⑦，木⑧石⑨金⑩。丝⑪与竹⑫，乃八音。

曰平上，曰去入。此四声，宜调⑬协。

【注释】

①识：看到、辨别。②膻：羊身上发出的怪气味。③朽：物质腐烂后发出的气味。④嗅：用鼻子闻。⑤匏：一种植物，类似葫芦，称为匏瓜，古代常用它做乐器。⑥土：陶土、瓦器。⑦革：皮革，指鼓。⑧木：指木制乐器。⑨石：指玉石之类做的乐器。⑩金：指铜锣、铜鼓等金属做的乐器。⑪丝：指丝弦乐器。⑫竹：指萧笛之类管乐器。⑬调：声音和谐。

高曾祖，父而身。身而子，子而孙。

自子孙，至玄曾。乃九族，人之伦。

父子恩，夫妇从。兄则友，弟则恭。

长幼序，友与朋。君则敬，臣则忠。

此十义，人所同。当师叙，勿违背。

斩齐衰，大小功。至缌麻，五服终。

礼乐射，御书数。古六艺，今不具^①。

惟书学^②，人共遵。既识字，讲说文。

有古文，大小篆。隶草继，不可乱。

若广学^③，惧其繁^④。但略说，能知原。

凡训蒙^⑤，须讲^⑥究^⑦。详训诂，明句读。

为学者^⑧，必有初^⑨。小学终，至四书。

【注释】

①具：齐全。②书学：研究文字的学术。③学：广泛学习。④繁：繁杂、众多。⑤训蒙：即启蒙，对儿童进行启蒙教育。⑥讲：讲解。⑦究：考究。⑧学者：学习的人。⑨初：开始，开端。

论语者，二十篇。群弟子，记善言。

孟子者，七篇止。讲①道德，说②仁义。

作中③庸④，子思笔。中不偏⑤，庸不易⑥。

作大学，乃曾子。自修齐，至平治。

孝经通，四书熟。如六经，始可读。

诗书易，礼春秋。号六经，当讲求。

有连山，有归藏。有周易，三易详。

有典⑦谟⑧，有训⑨诰⑩。有誓⑪命⑫，书之奥⑬。

我周公，作周礼。著六官，存治体。

大小戴，注礼记。述圣言，礼乐备⑭。

曰国风，曰雅颂。号四诗，当讽咏。

诗既亡，春秋作。寓褒贬，别善恶。

【注释】

①讲：讲述。②说：宣传，谈论。③中：不偏不倚。④庸：平常。

⑤偏：偏差。指中和常行之道。⑥易：改变。⑦典：凡是皇帝的政绩可作常法的记载，叫作典。⑧谟：大臣向皇帝陈述良谋、善策的言辞。

⑨训：陈诚帝王的言辞。诰：晓谕帝王的言辞。⑪誓：出师告诫将士的言辞。

⑫命：君王所发的命令。⑬奥：深奥、难懂。⑭备：齐全。

第四节　漫游童话世界

一、"漫游童话世界"学程纲要

（一）学程设计说明

童话，是儿童的精神食粮，承载着童年的梦想，滋养着儿童追求真、善、美的精神世界，潜移默化地塑造着儿童的道德品质。在小学课程开发实践中，要珍视儿童那份天真无邪、活泼淳朴的自然状态，依归童心，营造充满爱意、富有想象力、温馨和谐的教育环境，将童年应有的幸福快乐还给儿童。

1. 提升语文素养的全面需求

根根据《义务教育语文课程标准（2022 版）》（简称《语文课标》），小学生课外阅读总量应不低于 145 万字，同时语文课要引导学生具备与实际生活需求相适应的识字写字、阅读写作、口语交际等能力，使学生能正确、流畅运用祖国语言文字，并且全面提高学生的语文素养。小学童话活动学程利用童话文本进行教学，通过"读""写""绘"等多样形式，帮助学生识记汉字、积累词句,学习童话阅读策略,培养童话写作兴趣,发挥想象力,提升语言表达水平，全面且协调地满足学生语文素养的发展要求。

2. 童话文体备受重视

《语文课标》明确提出，"阅读浅近的童话、寓言、故事，向往美好的情境，关心自然和生命，对感兴趣的人物和事件有自己的感受和想法，并乐于与人交流"，童话文体被放在了第一位;《语文课标·附录 2　关于课外读物的建议》也将童话文体放在了首位。足见童话文体在《语文课标》中备受重视，童话文体能受到《语文课标》与语文教材的重视，其实也证明了童话文体在小学语文教学中的教育价值，揭示了童话资源的丰富性，具备学程设计与实施的可能性。

3.童话教学的现状

就目前的小学童话教学现状来看，在阅读方面，存在过于强调童话的道德教化功能，对童话的游戏精神与审美功能以及童话阅读策略的教授不够重视等问题；在写作方面，存在学生写作兴趣不高、想象力培养不足、作文教学没有体现童话文体特征等问题；在口语交际上，存在教师仅满足于简单的朗读和复述，不重视培养学生的深入探究、交流能力等问题。从整体来看，识字写字、阅读、写作与口语交际能力被割裂，难以体现素养的整体提升。

（二）学程目标

1.总目标

通过童话学程的学习，提升学生的阅读素养和写作素养，培养学生的想象力和表达能力，建立真善美的情感世界，丰富学生的人文精神。

2.具体目标

（1）让学生初步借助思维导图把握童话故事情节，复述童话故事，会讲童话故事。

（2）让学生了解童话体裁与童话要素，具备阅读童话的知识与能力，理解童话故事的意义。

（3）在自主或合作阅读童话的过程中，使用相应的阅读策略，在理解童话故事要素的基础上学会创编童话故事。

（三）学程内容

本学程以"展开想象，畅游童话世界"为主题，通过老师推荐和学生自选，选出 30 篇童话故事进行主题分类，作本学程的教学资源。本学程以一学期为一个教学周期，每周 1 课时，每课时 60 分钟。

主要分为"童话我会选""童话我会读""童话我会写"三个环节，具体实施如下。

时间进度	主题	具体内容	备注
第 1～4 周	童话我会选	（1）童话初印象 （2）童话类型 （3）童话特点 （4）童话选择标准	
第 5～13 周	童话我会读	（1）童话要素之幻想要素 （2）童话要素之动物角色 （3）童话要素之魔法角色 （4）童话情节之开头 （5）童话情节之发展 （6）童话情节之高潮 （7）童话情节之结局	
第 14～15 周	童话我会写	（1）童话续编 （2）童话创编	

（四）学程实施

1. 学程实施对象及课程安排

本学程实施对象为学校一至四年级学生。

学程人数：40 人。

课时：每学期总课时为 15 课时，每周 1 课时，总计两学期 30 课时。

时间：暂定每周二下午 16:20 ~ 17:20。

2. 实施策略

（1）借助插图、思维导图等把握故事情节。教学中教师引导学生学会根据插图讲故事，或者利用思维导图画出故事结构图、复述童话故事内容。

（2）创设情境，激活学生想象力。童话充满了丰富的想象，教学中教师抓住富有想象力的情节进行情境创设，组织开展分角色朗读、角色扮演等活动，引导学生深入了解童话人物，感受故事中蕴含的道理。

（3）童话续编，发展创新能力。教师介绍续编故事的要求和方法，引导学生学会口头交流、续编故事等，鼓励学生积极参与探究活动，进而提升学生的想象力、创造力、思维能力和提问能力。引导学生交换阅读各自创编的童话故事，互相评阅，在班上展示自己创编的故事，提高写作和评价能力。

（五）学程评价

本学程实施期间，要注重对学生的过程性评价，通过阅读形成性评价和表演形成性评价进行评选。学期末，主要使用结果性评价和综合性评价相结合的评价手段，依据学生每月获得星星的总数，根据学生的读书报告和创编的作品，评选出"童话故事小明星"。

具体评价方法如下。

1. 过程性评价

每个月，根据学生的阅读和表演所获得的星星数，评选出"每月童话故事之星"。

阅读形成性评价表

评价项目	作者打星	同伴打星	老师打星
能在课前熟悉阅读材料			
能专注于阅读，完成相关的完整阅读			
能完成阅读笔记、推荐书评			
能提出开放性的问题，并积极发言			
总星数			

2. 综合性评价

学期末，集中考核一次，根据学生获得星星的总数、读书报告和创编的作品，评选出"童话故事小明星"。

"童话故事小明星"评价表

项目	每月获得星星的总数	读书报告	续编童话	创编童话
学生姓名一				
学生姓名二				
学生姓名三				
学生姓名四				

（六）素养出口

（1）童话故事创作大赛。组织学生参加一年一度的深圳市童话节创作比赛。

（2）"故事大王"评选活动。在学校组织开展"桂园故事大王"比赛。

（3）收集学员的优秀作品，制成作品集。

二、《漫游童话世界》学程目录

（一）童话我会选
（1）童话初印象

（2）童话类型

（3）童话特点

（4）童话选择标准

（二）童话我会读
（1）童话要素之幻想要素

（2）童话要素之动物角色

（3）童话要素之魔法角色

（4）童话情节之开头

（5）童话情节之发展

（6）童话情节之高潮

（7）童话情节之结局

（三）童话我会写
（1）童话续编

（2）童话创编

三、学程内容节选：童话我会选

（一）童话初印象
环节一：什么是童话？

童话，儿童文学的一种体裁，采用丰富的想象、奇特的幻想和夸张的手法创作出深受儿童喜爱的故事。童话语言通俗易懂、生活形象，故事情节曲折有趣，常采用拟人手法，赋予自然界中的生物以人的思想情感，充满奇幻色彩。

环节二：中外著名童话故事

世界著名童话故事：《安徒生童话》《格林童话》《一千零一夜》。

中国著名童话故事：《宝葫芦的秘密》《小布头奇遇记》《神笔马良》。

环节三：著名童话作家简介

1. 安徒生

安徒生，世界闻名的童话作家，被誉为"世界儿童文学的太阳"。受到父亲和民间口头文学的熏陶，他自幼热爱文学，年仅 14 岁便独自一人前往丹麦首都哥本哈根追求艺术梦想。他陆续出版了众多文学佳作，凭借长篇小说《即兴诗人》享誉国际。他的多部童话故事作品广为流传、深受欢迎，代表作品有《拇指姑娘》《卖火柴的小女孩》《丑小鸭》《海的女儿》等。《安徒生童话》这部经典作品被翻译成 150 多种语言，在全球各地出版和发行。

2. 格林兄弟

格林兄弟，即雅各布·格林和威廉·格林两兄弟，德国 19 世纪杰出的历史学家、语言学家、民间故事和古老传说的搜集者。代表作《格林童话》由格林兄弟共同整理而成，其销量仅次于《圣经》，堪称"最畅销的德文作品"。作品中的故事《白雪公主》《青蛙王子》等深受读者喜爱。

3. 孙幼军

孙幼军，著名童话作家，被誉为"一代童话大师"，曾获安徒生奖提名奖和国内多项奖项。1960 年毕业于北京大学中文系，次年出版了长篇童话故事《小布头奇遇记》。他创作了很多佳作，如长篇传奇《小济公传》、短篇童话《小狗的小房子》、系列童话《怪老头儿》《小猪唏哩呼噜》等，还有作品集《孙幼军童话全集》以及小说、散文百余篇。

4. 张天翼

张天翼，现当代作家、儿童文学作家，其创作的童话以独特的风格在儿童文学史上占据重要地位。代表作有童话《大林和小林》《宝葫芦的秘密》《秃秃大王》，小说《华威先生》《鬼土日记》等。

（二）童话类型与特点

环节一：认识童话类型（举例）

童话有不同的类型，目前学者尚未形成统一认识。有的学者把童话分为民间童话与创作童话两种类型。民间童话即将搜集来的民间故事直接改编成适合儿童阅读的文本。创作童话即作家从民间故事中获取灵感，以它们为蓝本，并仿照民间故事的表达形式创作出属于自己的文本。

也有学者从多个角度对童话进行分类，从童话的艺术形象角度，将童话分为拟人体童话、常人体童话、超人体童话、智人体童话四种类型；从童话的创作手段角度，分为民间童话、艺术童话，或者称为口述童话和文学童话；从童话叙述的艺术特点角度，分为热闹派童话、抒情型童话、哲理童话和科学童话、新型童话四大类。

环节二：了解童话基本特点

从这节课开始，我们要开始童话之旅了！童话是什么？它是儿童文学的一种体裁，童话王国就是我们的王国。在那里，想象多离奇也没关系；在那里，既有美丽的公主和英俊的王子，也有可怕的女巫和善良的仙子，还有藏在森林里的诱人的糖果屋。在接下来的一系列课中，我们将听到各种各样神秘的、荒诞的、惊险的童话，我们还将创作自己的童话，把它们变成一部属于自己的童话集。

今天我们要认识童话，说一说童话的特点，还要与大家分享一篇童话。

活动一：师生共同阅读《莴苣姑娘》

《莴苣姑娘》讲述了这样一个故事：一位孕妇因为渴望吃到邻居女巫家的莴苣，一而再再而三地让丈夫翻越围墙去偷取莴苣吃。最终，丈夫被女巫抓住，并被迫选择在女儿出生后将她交给女巫。女巫得到女婴后，为女婴取名"莴苣"，并把她囚禁在高塔上。每当女巫要看望莴苣时，便让莴苣把长发放下来，让她好攀上高塔。路过的王子被高塔上莴苣的歌声吸引，与莴苣约定私奔。女巫发现了这件事后怒不可遏，她剪断了莴苣的长发，把她丢出了高塔，自己则乔装打扮成莴苣，静候王子的到来。假扮成莴苣的女巫成功地骗过了王子，并刺瞎了王子的双眼，将他流放到了荆棘地。最终，莴苣与双目失明的王子相遇，她的眼泪使王子复明，两人永远幸福地生活在了一起。

活动二：这篇童话中发生的什么是虚构的？

（女巫可以爬上莴苣姑娘的长发，莴苣姑娘的眼泪使王子复明）

活动三：读完今天的童话后，你还有什么不明白的地方吗？

活动四：播放歌曲《童话镇》。

【学习材料】

猜猜看以下哪一本是童话？和同桌说说，为什么你觉得是这本。

A.《糖果屋历险记》　　B.《呼兰河传》　　C.《背影》

编号	理由
1	
2	
3	

跟着老师一同把表格补充完整。请你想想，能否用某篇童话的例子来解释这些特点。踊跃举手发言吧！

（虚拟的故事，存在魔法或咒语，口口相传了很多年，动物表现得像人一样，开头往往是"在很久很久以前"，结局往往是"永远幸福地生活在一起"。有反派人物、正派人物、王子与公主、城堡或森林，总有一些角色遇到困难。）

活动五：给莴苣姑娘的电子邮件

我们要用两张纸来制作一台"笔记本电脑"，今天咱们就要用这台"电脑"来给莴苣姑娘写一封电子邮件。请在"邮件"栏填上莴苣姑娘的电子邮箱地址 wojuguniangx×class@163.com，在"收信人"栏上填上"莴苣姑娘"，至于你想对她说些什么，那是你们的悄悄话！

环节三：童话与神话、寓言的区别

（1）童话、寓言与神话

童话、寓言与神话都是深受大众喜爱的文学体裁，它们之间存在很多相似之处，较难分辨。我们将从阅读对象、写作目的、篇幅、人物、叙述、题材、特点等不同角度对其进行对比区分。

童话、寓言与神话的对比

比较	童话	寓言	神话
阅读对象	主要是儿童	不一定是儿童	不一定是儿童
写作目的	为儿童创作	为讽喻劝诫创作	为宗教创作
篇幅	篇幅较短，情节简单	篇幅较长，情节曲折	篇幅较长
人物	奇人、动物或普通人	人物为写事服务	神魔仙妖
叙述	时间、空间自由	时间、空间自由	确切的时间、空间
题材	幻想世界	现实生活	神异怪诞
特点	形象性、趣味性、可读性	讽刺性、实用性、哲理性	原始性、浪漫性、文学性

环节四：童话与一般叙事性作品的区别

一般叙事性作品多采用记叙、描写等表达方式，以写人、叙事、状物、写景等为主要内容。

童话，是一种以现实生活为蓝本，用儿童易于感知理解的语言，说给（写给）儿童听的（看的）、富有神奇想象的故事。如我们熟知的《神笔马良》《东郭先生和狼》《小红帽》《白雪公主》等，它们富有生活情趣、充满想象力、情节曲折生动，深受儿童喜爱。

（三）童话书选择的标准与推荐书单

环节一：师生共同制定优秀童话书的选择标准（故事情节、人物、语言）

故事情节生动有趣：取材虽然是儿童熟悉的事情，但情节需要融入一些超乎常态、常理、常情的元素，使儿童感觉到既熟悉又新颖，充满趣味。

　　故事的主题需符合儿童的认知水平：主题是童话故事的核心，表达了故事的动机、目的和对人类情感的基本观念。常见的主题有友谊、自尊或独立等。主题的选择要与儿童的认知能力相适应，与儿童的生活经验相关联。主题一般通过人物、情景和情节得以呈现，不需要在结尾明显点出，但需要贯穿故事始终。

　　故事中的人物形象鲜明：童话故事的人物可以是动植物、人等真实存在的，也可以是想象的物体，不论哪一种都要有真实的感情、鲜明的语言、生动的动作，能轻易识别且特色鲜明，没有明显的刻板印象。

　　故事的情节合理生动：情节需要按照一定的顺序展开，有明确的焦点且合乎逻辑，能塑造人物角色。情节要生动有趣，能吸引儿童的阅读兴趣，有高潮有起伏，给人以无尽的想象。

　　故事的表现手法多样：可以采用比喻、拟人、夸张、变形、隐喻与象征等多种表现手法，在情节中设置矛盾冲突，让故事更有吸引力。

环节二：师生共同制定小学低年级、中年级、高年级童话推荐书单

你读过哪些有趣的童话书呢？快和老师一起推荐给同学吧。

年级	推荐书单
低年级	
中年级	
高年级	

第五节 英语绘本阅读

一、"英语绘本阅读"学程纲要

（一）学程设计说明

小学英语课外阅读是提高小学生英语课外阅读量的重要途径，在小学英语教学活动中占据着重要地位。当前，学生在英语阅读学习中存在着诸多问题：小学中年级的学生正处于英语学习承上启下的关键时期，但从目前情况来看，学生英语阅读面较窄且词汇量比较匮乏；传统的英语学程缺乏整本书阅读，教学活动缺乏完整、真实的语言情境。

英语绘本阅读优势明显：一方面为小学生英语学习增添了持久且真实的趣味性，另一方面打破了传统语言材料单一的局限性，提高了英语语言的输入、自然再现频率，让学生通过图文并茂的阅读材料自然习得英语，并且更轻松地理解和掌握教材语法知识，做到迁移运用。此外，绘本阅读还有利于学生了解多元文化，增强学生的跨文化交际意识，塑造学生的良好品格。

（二）学程目标

根据小学中年级学生英语阅读的现状及特点，该学程设置以下目标。

（1）积累英语语言知识，培养基本英语语言能力以及英语绘本学习技巧。

（2）激发学生对于英语阅读的兴趣，感受中西方文化的差异。

（3）培养学生的合作精神和思维能力。

（三）学程内容

学生的年龄特点、年级层次以及英语语言基础都存在显著差异。不同年龄段的学生所掌握的生活经验和积累的知识不尽相同，对所阅读故事的理解能力和接受程度也有很大差异。小学中年级的学生积累了一定的生活经验和英语语言基础知识，具备了一定的对话能力，并掌握一定的绘本阅读技巧。因此，结合小学中年级学生的语言认知发展特点，该学程设置以下内容。

	绘本一	绘本二	绘本三
主题一 动物篇			
主题二 生活篇			
主题三 情感篇			

（四）学程实施

1. 学程实施对象

小学三、四年级学生。

2. 学程实施原则

（1）趣味性。教师通过精心设计的教学活动，充分发挥绘本阅读的趣味性，激发学生兴趣，激活学生原有的知识储备。

（2）体验性。以学生为主体，充分尊重学生的阅读体验。

（3）整体性。英语绘本阅读通过创设整体性的语境，来提升学生学习英语的整体性以及对英语语言的运用能力。

3. 实施策略

"6R&6P"是指为完成学程教学目标，基于 TPR 全身反应法的英语绘本阅读学程实施策略。其中 6R: 6R: read, repeat, recite, retell, rewrite, real-real-communication；6P: picture-talking, story-predicting, pre-reading, presentation, passage- writing, role-playing。

采用"6R&6P"的学程实施策略，通过自主学习、合作互助、开展学生活动等方式为学生创设良好的交际情境，使学生有大量语言信息输入与输出的机会。课堂上充分尊重学生的个体差异，关注每一位学生的表现，让学生"全程、全情、全员"参与。在充满生机与活力的课堂中，学生能更自然轻松实现绘本英语语言学习的输入与输出。

4. 实施条件

（1）学校大力支持该学程的开展，提供环境良好的学程实施教室。

（2）校本教材《英语绘本分级阅读》。

（3）学程实施教师具备良好的英语教学素养。

（五）学程评价

英语绘本教学中，形成性评价能够帮助学生在平时的学习过程中及时感受自我进步及不足，及时调整努力的方向与目标，让每个孩子能够体验学习的乐趣和成长的快乐，从而对每一节绘本课和每一个英语活动设计充满期待和向往；终结性评价可以帮助学生了解自己整个英语绘本学习阶段的综合收获，是对评价客体英语绘本学习效果的完整反馈。因此，建议采用形成性评价和终结性评价相结合的方式评估学生的学习效果。形成性评价可采用质性评价，对每一评价指标要求有具体描述，用 A、B、C、D 表示评价结果，这会更适合英语绘本学习特点和小学生的心理接受预期。而不论是哪种形式都应该尽可能融合表现性评价，以便从学生学习、发展的多样性、动态性、水平的差异性出发，多角度、多维度、多层次、多侧面 地评价学生，真正做到结果和过程统一、知识与能力同步、成绩与品格结合、思维能力与实践能力并存的全方位、立体评价，真正尊重每一位学生的差异，促进每一位学生的个性化发展。

1. 形成性评价及评价内容

形成性评价主要通过平时学生在英语课堂内外的表现来进行，如学习态度、回答和提问、参与课堂角色扮演、参与小组讨论、分享学习感悟或者参与班级英语活动、课外英语社团及舞台英语童话剧表演等，教师可为每一位学生建立一个评价手册，评价主体为小组、个人以及教师三者的有机结合，然后给每位学生一个客观的整体评价。由于分数不容易测量，可能会引发评价得不够客观，从而降低评价信度，进而影响学生对英语绘本的学习兴趣，因此建议尽量使用等级评价。

以下评价图表仅供参考（该评价图表包含评价名称、指标、级别、评价主体、评价客体等），教师可根据本校或者本班学情进行调整。

小学英语绘本学习形成性评价参考样表

一级指标	二级指标	三级指标	评价结果			
			自评	学生互评	教师评价	总评
学习能力	学习态度	（1）喜欢英语绘本学习。 （2）能够在家主动预习（听、看）。 （3）积极参与课堂。				
	学习兴趣	（1）认真完成老师布置的绘本学习任务。 （2）乐于与家长或者朋友分享绘本内容。				
	学习习惯	（1）对绘本故事能够有情感地读、熟练地复述。 （2）能够听懂并回答老师的问题。				
	学习效果	（1）能够理解绘本内容。 （2）能够根据绘本内容自主提出问题。 （3）能够完成老师布置的课内外作业或者活动。				

一级指标	二级指标	三级指标	评价结果			
			自评	学生互评	教师评价	总评
合作交流	主动参与	（1）知道如何与同伴合作学习。 （2）在小组中能够主动承担任务。 （3）能够积极表达个人观点。				
	礼貌倾听	（1）懂得倾听他人。 （2）善于鼓励同伴。 （3）虚心向同伴学习。				
	合作能力	（1）善于帮助组内伙伴。 （2）能够尊重他人的观点和意见。 （3）积极与同组伙伴共同探讨问题。				
活动表演	朗读表达	（1）有感情朗读绘本故事。 （2）积极回答课堂提问。 （3）英语语言运用完整、流畅。				
	角色扮演	（1）理解文本，理解角色。 （2）表演有情感。 （3）有一定表演技巧。				
	讨论辩论	（1）积极思考并讨论问题。 （2）讨论问题用完整或者综合英语语言。 （3）有个性化、创新性的思维和流畅的口语表达。				

2.终结性评价及评价内容

关关于终结性评价的概念界定请参考第二章相关内容。英语绘本学习效果终结性评价主要是期末时，通过分阶段、多内容、多层次对学生进行的英语绘本测试活动，目的是给学生一个综合的、完整的英语绘本学习的评价和反馈。

具体做法如下。

（1）分阶段

时间方面，可选在期末前一个月，既有集中统一的测试，又有分阶段宽松的个性化考试。这里分阶段是指一个月内组织一次集中口试和笔试，学生可根据第一次的测试结果，自我决定是否参加第二次甚至第三次测试，如果学生对第一次的测试结果不够满意，可以继续准备相同的测试内容，当感觉准备充分了预约再进行一次测试，甚至还可以进行第三次测试，直到自己满意为止。这样做的目的是帮助每个孩子通过努力完成学习任务，以鼓励孩子、保持孩子对绘本学习的持续兴趣，保护孩子的自尊心和自信心。

（2）多内容

根据加德纳多元智能理论，每个孩子的智能倾向不同、擅长有别，有的擅长口语表达，有的擅长角色表演，有的擅长写作等。因此，建议教师丰富期末评价内容，让每个孩子都能发挥各自不同优势参与评价，获得自信。

口试内容：背诵绘本故事、表演绘本故事精彩片段、复述绘本故事、看图说话、话题讨论、辩论（该形式建议以4人小组形式进行）等。

笔试内容：看图写话、为绘本故事片段排序、阅读理解、个人观点陈述、小作文、改写故事等。

（3）多层次

这里的层次主要是指教师根据学生的认知能力和英语基础的差异，为学生"量身定做"2～3套难易程度不同的口试和笔试内容，目的是面向全体、关注个体，真正发挥评价的人文性和激励性。虽然每个层次学生获得的A等级难易程度有差别，但对于学生的激励和促进是相同的、公平的，激励效果也是相同的。这样才是真正体现对学生的多元评价，真正体现以学生的个性化发展为本。

（六）学程素养出口

（1）组织学生参加罗湖区每年一届的英语文化节展演。

（2）在学校开展英语阅读大赛。

（3）在学校开展英语绘本创编活动。

（4）组织学生参与校外绘本分享活动，分享自己喜欢的绘本以及绘本阅读学习心得。

（5）组织学生录制英语绘本展演视频，推荐至学校网站公众号、显示屏等相关平台进行展示。

二、"英语绘本阅读"学程目录

（一）主题一：动物篇

（1）*Brown Bear, Brown Bear, What Do You See?*

（2）*The very Hungry Caterpillar*

（3）*My Friends*

（二）主题二：生活篇

（1）*Eat Your Pears*

（2）*David Goes to School*

（3）*Today Is Monday*

（三）主题三：情感篇

（1）*I Love You*

（2）*The Giving Tree*

（3）*What Mommies/Daddies Do Best*

附录：相关绘本图集

三、学程内容节选：动物篇

（一）*Brown Bear, Brown Bear, What Do You See?*

文：Bill Martin Jr.

图：Eric Carle

本书大意

小棕熊登场了，它看到一只红色的小鸟振翅欲飞。从小鸟的眼中，我们看到一只黄色的鸭子。顾盼之间，鸭子又看到了一匹蓝色的马。随着翻页，绿色的青蛙、紫色的小猫、白色的小狗、黑色的绵羊等动物一一上场，最后连小朋友们也一跃成为书中的主角。那么他们又看到了什么呢？当然是所有曾经出现的动物。故事发展到最后，所有的动物齐聚一堂，没有一只可以逃过小读者的法眼哦！

图文赏析

如同模特的时装表演，一只只动物跃然出场，一个比一个光鲜亮丽，每一个跨页的版面上，只呈现一只动物，加上 Eric Carle 独特的手绘色纸拼贴画，很容易捕获读者的目光。"Brown Bear, Brown Bear, What Do You See？"的句型随着动物的登场不断出现，具有韵律感的文字，让小读者在读完整本书前就可以朗朗上口地回答："I see a red bird looking at me."一问一答，除了简单的句型外，小读者也可以轻松地学到许多有关颜色和动物的单词，是初学者不可错过的好书。

文图作者介绍

出生于美国堪萨斯州的 Bill Martin Jr. 曾是教师、校长、编辑及作家，写作资历长达五十余年，所创作的童书多达三百本。Brown Bear, Brown Bear, What Do You See? 无疑是他最具代表性的作品之一。据他自己的陈述，这本书来自他坐火车时突发的灵感，在火车到达终点前，短短三十分钟，他就已经完成这本举世闻名的巨作。

为本书创作插画的 Eric Carle 是一位知名的作家兼插画家，1929 年出生于美国，但六岁就随父母移居德国。在 1952 年返美之际，他遇到一位受人尊重的作家，也就是本书的作者 Bill Martin Jr.，两人的共同创作，是他童书创作生涯的开端。他的作品几乎都以拼贴画呈现，且采用自制色纸，所以不会有任何一幅图画和别人雷同。

教学重点

单词：

（1）brown, red, yellow, blue, green, purple, white, black, gold

（2）bear,bird,duck, horse, frog, cat, dog, sheep, fish, monkey

句型：

（1）Brown bear, brown bear. what do you see?

（2）I seeared bird looking at me.

延伸阅读

（1）*Polar Bear, Polar Bear, What Do You Hear? by Bill Martin Jr & Eric Carle*

（2）*From Head to Toe by Eric Carle*

网站介绍

（1）http:// www.billmartinjr.com（作者官网）

（2）http://www.dltk-teach.com/books/brownbear（有和本书内容相关的图片供打印使用）

活动 一：涂色连线

请帮动物涂上颜色，再将单词连到正确的图片上。

活动二：动物百老汇

教学目标

（1）能吟唱歌谣："Where Are My Friends?"

（2）乐于参与戏剧演出。

准备材料

动物头套或面具、歌谣海报。

Where Are My Friends?

Brown Bear:

I am a little brown bear. I don't have any friends. I amsad.(边走边唱：One, two, three, four, five, six , seven. Where, where, where, where is my friend?)

Red Bird:

(边飞边唱:Here I am. Here I am. Little Red Bird is your friend.)

I don't have any friends, either. Can I be your friend?

Brown Bear:

Sure. Let's make friends.

Brown Bear, Red Bird:

(边走边唱)One, two, three, four, five, six, seven. Where, where, where, where is our friend?

Yellow Duck:

(进场 , 唱着 Here I am. Here I am. Little Yellow Duck is your friend.)

I don't have any friends, either. Can I be your friend?

Brown Bear, Red bird:

Sure. Let's make friends.

Brown Bear, Red Bird, Yellow Duck:

(边走边唱)One, two, three, four, five, six, seven. Where, where, where, where is our friend?

Blue horse:

(边跑进场，边唱：Here I am. Here I am. Little Blue Horse is your friend.) I don't have any friends, either. Can I be your friend?

Brown Bear, Red Bird, Yellow Duck:

Sure, Let's make friends.

Brown Bear:

(边指着其他三只动物边数着)One, two, three. Now I have three friends. Wow! I am so happy! Yeah!

（二）*The Very Hungry Caterpillar*

文：Eric Carle

图：Eric Carle

本书大意

一只小毛毛虫在星期天的早上出生了，它的肚子好饿好饿，所以它决定去找一些东西来吃。星期一它吃了一个苹果，星期二吃了两个梨，星期三又吃了颗李子，整整一个星期都吃个不停，到了星期六，它开始肚子疼。星期天在吃了一片绿油油的叶子后，又肥又大的毛毛虫开始沉睡在自己建造的蛹里，经过两个多星期的蛰伏，它终于蜕变成美丽的蝴蝶了！

图文赏析

用色鲜艳大胆，Eric Carle 的书总是深深吸引读者的目光。大小不一的书页设计，页面上的小洞还可以让小朋友的小指头戳戳动动，随着毛毛虫吃掉一样样不同的食物，让孩子们学习数字和星期的顺序，在认识水果名称的同时也见证了毛毛虫的生长历程。*The Very Hungry Caterpillar* 一书自 1969 年出版以来，已被翻译成 25 种语言，累计销售量达 1200 万册。

文图作者介绍

享誉国际的童书大师 Eric Carle 喜欢在他的创作里讨论两大主题："成长历程"与"探索发现"。据他的描述，这可能跟他的成长过程有关：他觉得自己从"家庭"到"学校"的童年经历是痛苦的，所以他希望借由自己的创作，加入声音、洞洞剪裁或布料触摸的巧思，让孩子们觉得书本就像玩具一样可以在其中找出乐趣。你知道吗？Eric Carle Jr. 原先也只是好玩地在一沓纸上打洞，构想一只书虫而已，在编辑的建议下，这本书化身为《好饿好饿的毛毛虫》，成为他生平最重要的作品之一。

教学重点

单词：

（1）数字：one, two, three, four, five

（2）水果：apple, pear, plum, strawberry, orange, watermelon

（3）星期：Sunday, Monday, Tuesday, Wednesday, Thursday, Friday, Saturday

（4）蝴蝶的生命周期：egg, caterpillar, cocoon, butterfly

句型：

On Monday, he ate through one apple. But he was still hungry.

延伸阅读

（1）*I'ma Caterpillar by Jean Marzollo & Judith Moffatt*

（2）*Eating the Alphabet by Lois Ehlert*

网站介绍

（1）http:// www.penguln.com/static/pages/features/hungrycaterpillar（作者介绍及相关资源）

（2）http://www.dltk−teach.com/books/hungrycaterpillar（本书相关教学活动）

活动一：水果 Bingo 乐

注意听，写出单词并涂上颜色。

apple　plum　strawberry　orange　pear　watermelon

apple		

活动二：蝴蝶五格书

教学目标

（1）能知道蝴蝶的生命周期：egg, caterpillar, cocoon, butterfly。

（2）能根据教师的提示完成一本五格书。

准备材料

A4白纸一张、着色用具、卡纸。

步骤

（1）将 A4 纸上下对折，如图 (1)。再左右对折，如图 (2)。

（2）再上下对折一次，如图 (3)。

（3）开口向右，将对折三次后的 A4 纸最后一面贴在卡纸上，如图 (4)。

（4）朝上的第一页请写上 " an egg"，如图 (5)。

（5）翻开第二页写上 " alittle caterpillar"，见图 (6)。

（6）再翻开第三页写上 " abig caterpillar"，如图 (7)。

（7）最后展开全页，写上 " a butterfly"，如图 (8)。

（8）请为每一页画上插图，即成一本五格书，如图 (9)。

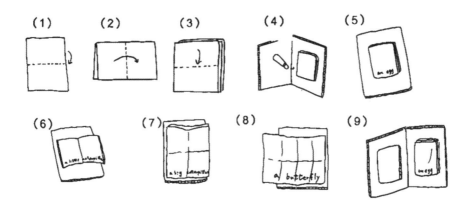

（三）*Five Little Monkeys Sitting in a Tree*

文：Eileen Christelow

图：Eileen Christelow

本书大意

五只小猴子和妈妈一起到河边野餐。妈妈才打了一下盹，五只调皮的小猴子已经爬上了树，说是要去看鳄鱼先生，但看着看着，居然逗弄起鳄鱼先生来，鳄鱼先生张开大嘴作势要去咬小猴子。小猴子一只只的不见了，河岸上的妈妈紧张得都哭出来了。还好是虚惊一场，五只小猴子最后都平安回来了。

图文赏析

根据作者自述，本书创作的灵感是听上幼儿园的女儿念以下的韵文："Five little monkey sitting in a tree, teasing Mr. Alligator..."但作者特地去查资料，发现"monkey"和"alligator"不会住同一区域，反而是有一些地区"monkey"和"crocodile"才会同时存在，所以改为"Mr Crocodile"。随着重复的韵文体内文，小读者可以轻易地预测故事情节的发展。本书除了有趣之外，还富有安全教育的意义。本书插图是运用水彩和蜡笔，画面充满活泼的童趣，每只小猴子表情十足，还有公有母，让小读者学会分"he/she"的用法。

文图作者介绍

Christelow 于 1943 年生于美国，从小就爱看书，她最早的记忆是爸妈下班 回家读故事书给她听，对她来说，父母对她最严厉的处罚莫过于"No story time for one week"。等她学会读书后，更是手不释卷，只有画画时她才会把书放下，这也是她成为一位童书作家的原因吧。她的作品出版过程并不顺利，处女作是一本字母书，花了两年的时间完成，但很不幸 地被退稿。之后她尝试写故事，却只有自己的女儿捧场。但她没有气馁，再接再厉，终于在 1981 年由 Clarion 公司出版了她的处女作，她的写作生涯也由此开始，目前她仍在持续出版 Five Little Monkeys 系列的绘本。

教学重点

单词：one, two, three, four, five, he, she, monkeys, crocodile, tree

句型：

（1）This is a monkey.

（2）It's not nice.

（3）This is my crocodile.

延伸阅读

（1）*Five Little Monkeys Jumping on the Bed by Eileen Christelow.*

（2）*Five Little Monsters by Rozanne Lanczak Williams & Richard Pimentel Carbajal.*

网站介绍

（1）http://www.christelow.com （作者官网）

（2）http://www.hmhbooks.com/ fivelittlemonkeys(Five Little Monkeys 的网站，有很多好玩的游戏和活动)

活动一：男女有别

你知道贪吃的小猴子吃了多少根香蕉吗？数一数，写出正确的数量，并仔细观察，看看到底它是"He"还是"She"。

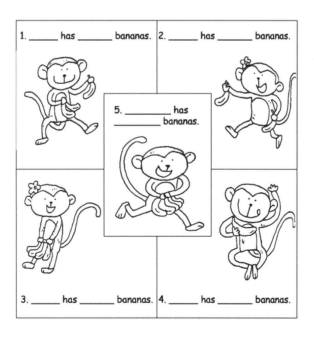

活动 二:圈圈看

请圈出并写出和"Tree"相同韵脚的单词。

bee	knee	cake
five	she	pea
he	no	three

下 篇
活动学程与教师专业发展

第六章

活动学程实践营

第一节　教师学程开发意蕴与价值

一、教师参与活动学程开发何以可能

活动学程是以校为本，学生学的课程和过程。华东师范大学郑金洲教授在《走向校本》一书中对"校本"作出如下解释：所谓校本，一是为了学校，二是在学校中，三是基于学校。为了学校，是指要以改进学校实践、解决学校所面临的问题为指向；在学校中，是指要树立这样一种观念，即学校自身的问题，要由学校中的人来解决，学校人共同决策并付诸实践；基于学校，是指从学校的实际出发，让学校资源更充分地利用起来，让学校的生命活力释放的更彻底。[1]

从学程职权管理划分视角来看，活动学程是与国家学程和地方学程并列的一类学程。学程决策总体上属于国家事权，然而又不完全是国家事权。国家在学程开发决策过程中，为了能够更好地实现国家意志，往往会赋予地方和学校一定的学程开发权利。活动学程开发是学校开展教育教学的基本权利

---

[1]　刘志春 . 校本管理 : 学校管理的新取向 [J]. 湖北教育学院学报 ,2005(4):80-82.

之一，学校有权通过开发活动学程以更具体地落实国家的教育意志。学校的课程体系由国家课程、地方课程和校本课程三部分组成。我国在《基础教育课程改革纲要（试行）》中提出："改变课程管理过于集中的状况，实行国家、地方、学校三级课程管理，增强课程对地方、学校及学生的适应性。"我国三级课程管理体制从制度层面为学校进行活动学程开发提供了法理基础。

在现实中，从三级课程具体开发和实施情况来看，国家课程得到较好实施，地方课程空心化，校本课程则出现低质量无序开发的情况。究其根本，乃是校长和教师专业素养还不足以支撑校本课程的开发与实施。可见，从外部赋权维度来看，教师参与校本课程开发是落实国家三级课程体系的重要保证。然而，从促进学生发展的内部维度看，教师参与课程开发的内在合理性何在？

（一）"教师成为学程开发者"理念的出现

"教师成为课程开发者者"是指教师"全程性地、主动地、批判地、合作地介入课程开发、决策、实施、评价等过程的一种活动"[1]，这一理念肇始于 20 世纪初，主要倡导者是美国著名教育家杜威，后来经施瓦布和斯腾豪斯的推动得以进一步确立。"教师成为课程开发者"意味着教师理应具备教学者和课程开发者的双重角色。尤其是核心素养时代的到来，更是对教师的课程领导力提出了要求。在活动学程实施中，我们应重新认识教师在课程开发和实施活动中的地位和作用，教师应该成为学程开发者。

（二）"教师成为学程开发者"的实践理性

传统学程开发模式存在主体不够多元的弊端，学程开发往往被认为是学者和专家们的事情。因而，传统学程开发模式使教师在一定程度上异化为学

---

1 姜勇,郑三元.论教师的课程参与[J].上海教育,2001(13):28–30.

程传递的工具，也使得学程实施的效果不尽如人意。可以说，"教师成为学程开发者"是新时代教育学程实施的内在诉求。教师作为活生生的教育主体，有独立的个性、思想和意识。"教师成为学程开发者"的提出，不仅从观念层面赋予了教师学程专业活力，也在实践层面赋予了教师参与活动学程开发的权利，更是在学程实践中确立了教师的个体教育哲学。在和学程对话、和学生对话的实施过程中充分释放了教师主体的积极性和创造性。"教师在这样的对话语境中融入自己创造性的理解和解释以丰富课程内容和再创课程意义，同时也从中不断地获得自身的意义和价值。"[1]

（三）"教师成为学程开发者"的时代诉求

新时代素养本位的课堂教学变革要求将知识真正内化为学生生命成长和精神境界提升的养分。审视教师的专业素养结构，相对于教学能力、沟通能力、师德师风等方面而言，学程领导力是教师素养最为薄弱的短板。首先，学生发展核心素养的培养，不仅要求教师忠实执行国家课程，而且要求教师创造性地对国家课程进行校本化实施。教师参与学程开发能够让教师对于学程设计、学程内容编排、学程实施方式有更多的切身体会和理解，能够有效提升教师的教育教学观念、学程素养、教学能力。

二、教师如何参与活动学程开发

由于教师学程意识欠缺、学程领导力弱、教学空暇时间不足、教师缺乏学程开发的合作和评价机制等多重因素的制约，教师虽然能够参与学程开发，但是缺乏支撑和引领，实际效果并不理想。为了让"教师成为学程开发者"

1　周晓燕 . "教师参与课程" 合理性探析 [J]. 教育发展研究 ,2002(6):67–69.

有效落地，可以从权利再放、专业研修、时间让渡、评价引领等方面进行重点突破和改进优化。

（一）进一步扩大教师参与学程开发的权利

我国课程管理体制采用国家、地方和学校三级课程管理体制，其中国家课程占比 80%，地方和学校课程共占比 20%，这为教师参与学程建设提供了一定的空间。然而，面向素养本位的课程改革，在国家整体统筹审核基础上，还可以进一步加大赋权力度，给地方和学校以更大的权限，进一步优化中央、地方和学校共同推进学程的发展机制。英国课程论专家斯滕豪斯曾指出，教师的自主权是课程不断改进和更新的基础，倡导教师积极参与课程变革的"过程模式"，通过教师的专业成长和课程发展协同推进课程改革。20 世纪 80 年代中期以来，教师被赋予更大的学程自主权逐渐成为一种发展趋势。在学程决策和实施等方面，对于"选择何种知识""以何方式来教""如何评价教学效果"，教师理应被赋予更多的专业自主权，以更好地提升学程实施质量。

（二）切实转变学程观念

教师学程意识的培养是推进活动学程建设的重要因素。过去，教师认为学程和自己无关。这样一种"学程不关己"的观念造成了教学和学程的疏离，也是教学机械枯燥的重要原因。如前所述，教师不仅是学程的实施者，也是学程发展的研究者与参与者。亟需转变教师的学程意识，树立一种正确科学的学程观念。具体可以从以下三个方面加强。

一是明确教什么。国家课程和地方课程有教材，教师需要结合学校的、学生的实际情况进行二次开发，需要教师利用自己能够得到并使用的学程资源对教材进行补充和完善。所以，教师需要思考"教什么"这个"大"问题，需要教师有一定的学程资源开发、组织的专能力。

二是为什么教，也即教的合理性问题。国家课程和地方课程的二次开发、活动学程的开发等实践中，都需要教师考虑学程开发的价值取向问题，也就是考虑开发的学程、引入到学程和教学中的学程资源与国家教育目的的关系问题，需要审视学程内容的教育合理性。

三是怎么教，也就是选择恰当的教学方法的问题。这是一个传统的"工作"，教师们在这方面的意识是比较强的，接受的专业训练也是比较到位的，无需赘述了。但是在学程意识强化的背景下，教师在教法的选择上需要把"教什么""为什么教"作为一个有机整体来统筹。在选择学程内容时，要考虑内容怎么组织比较有利于学生的学、方便教师的教；在选择教学方法时，需要考虑方法与目的之间的关系，方法本身和实施的过程要能促进学生的健康成长，方法要符合目的。

（三）树立知识建构的学程实施理念

长期以来，向学生传授知识是教师的最高信条。随着新时期人工智能的出现，关于事物的知识变得不那么重要，在真实的生活情境下选择并合理运用知识的能力、问题解决能力受到越来越多的关注。在学程实施中，教师应该摒弃过去那种只注重知识识记的做法，应该设置任务群和问题链来引领学生开展问题探究。英国思想家波兰尼在《人的研究》中指出，人类知识由显性知识和缄默知识构成。一方面指出显性知识通过教育而传播，另一方面也指出缄默知识在教育中的作用，认为人们在教育活动中只有以这种"潜在的知识"为基础，才能意识到自己的"理智的力量"。[1] 基于此，我们要以引导学生建构缄默知识为目标，在学程实施中要让教师积极参与学程编制、实施和评价，进而提高教师对学程的理解，促进教师思考"教什么""什么时候教""怎样教"，在探索与思考中逐渐形成强大的学程实践智慧。

1　彭松林, 于青, 易丽丽. 缄默知识与课堂教学改革路径初探 [J]. 教学与管理 : 理论版, 2012 (6): 15–17.

（四）组建学程开发共同体

鉴于教师学程领导力的薄弱现状，我们应当多方面的合作加强一线教师与学程专家、学者的合作，构建"大学—中小学—研究机构"三位一体的共同体。一是引入大学学者，开展专题培训和学程理论教学。二是学程开发团队教师之间要加强合作与交流，建立学习共同体，尤其要发挥校长和校内 名师的专业引领作用。三是教育研究机构的科研人员要经常深入一线，对中小学教师的学程开发和课堂教学进行指导，帮助中小学教师更好地掌握学程开发的理论和技能。

（五）建构科学合理的学程开发评价机制

学程开发评价机制是提升学程质量的重要抓手。学校应建立活动学程开发的评价办法，对于主动参与学程发展的教师给予激励，提升教师参与学程开发的积极性。

一是明晰多元评价主体。鼓励支持校长、学程专家、教师、学生、家长和社区等多方力量共同参与，从不同角度对学程给出评价意见。需要强调的是，尤其要重视学生的反馈意见和启发教师的自我反思，毕竟他们是活动学程的直接参与者和受益者，他们在多元评价中发挥着不可替代的作用。

二是建立科学系统的三级评价指标体系。具体包括活动学程规划、活动学程管理、活动学程实施及活动学程效果，以这四方面为一级指标进而构建更为具体的二、三级指标，科学评测活动学程质量。

三是坚持科学评价的基本原则。第一，要坚持以评价促发展的原则。活动学程评价坚持以促进学生、教师、学程的发展与完善为价值取向。第二，要坚持实用性原则。活动学程的评价要以学程实施的效果为重要评价指标，以引领促进学生素养发展为指向。第三，坚持动态性原则。活动学程从设计、开发、使用，再到修订完善，并非一成不变，而始终处于一种动态发展。尤其应该随着国家课程标准、学科课程指南、学生心理发展等因素的变化，而不断地组织研讨，加以审订和优化。

三、教师参与活动学程开发的专业发展价值

活动学程开发是促进教师专业成长的重要途径。教师参与校本课程开发，能够促进教师专业理想的确立、教师专业知识的拓展、教师专业技能的发展和教师专业自我的形成。[1]

（一）促进教师形成明晰的专业理想

教师的专业理想是教师在对教育工作感受和理解的基础上所形成的关于教育本质、目的、价值和生活的认识和信念。教师专业理想是教师教学行为的世界观和方法论，是教师专业行为的理性支点和专业自我的精神内核。[2]众许多教师在投身教师工作的头几年，主要精力放在教学上，专业理想相对模糊。当教师真正参与学程开发的时候，他的学程和教学主体意识将极大地增强。在开发设计中，教师必须考虑国家课程标准，关注国内外课程改革趋势和特点，深入地理解学程的本质和精髓，进而树立明确的学程观。此外，教师还要深入考虑选择哪些知识内容进入学程，深入理解不同类型知识的特点，以及知识转换为素养的内在机制和路径等，树立科学的知识观。在学程实施的过程中，强调学生变"学会"为"会学"，教师必须考虑学生情况，树立明确的学生观。比如，在活动学程开发中必须把培养人的创造能力与创新精

1　刘彪 . 校本课程的开发是教师专业成长的有效途径 [J]. 甘肃教育 ,2006(3):19.
2　牟映雪 , 符森 . 教师专业发展的现实途径 : 参与校本课程开发 [J]. 教育探索 .2006(11):118–119.

神、张扬学生个性、培养学生的国际竞争意识与能力作为基点，这就要求教师把每个学生个体看成活生生的、有个性的人，而不只是考试的机器。同时，在学程从设计到实施到完善的一系列过程中，教师的个体教育教学哲学也将逐渐萌芽，教师会慢慢确立独特的教学思想和教学风格。

（二）拓展教师专业知识的边界

教师的专业知识一般分为两类，一类是学科专业知识，一类是学科教学法知识。在这两类知识中，教师的学科教学法知识相对薄弱。而教师参与活动学程开发，恰恰能够有效扩展教师的学科教学法知识，还能帮助教师初步构建与课程论、教学论相关的理论知识体系。第一，在活动学程开发实践中，教师不仅是学程的执行者和传授者，更是学程设计与完善的实施者，需要深入反思学生的学习情况、自己教学质量、师生关系等，并在反思中发现问题、积极解决问题，进而提高自身的教学实践能力。第二，教师在设计活动学程时，要主动学习相应的学程理论知识和基本的学程编制技术。无论是学程背景的研判、学程目标的定位，还是学程材料的选择和组织、学程的实施与评价等，都会直接引发教师知识结构的重构和新生。第三，教师在与学程的日常性相互"照面"中，要善于从学程的系统观念来观照个体的学科教学行为和策略，不知不觉形成了学程意识，获得活化的学程实践性知识，能够深入理解国家课程设计中的知识体系的背后要义和设计意图，同时在活动学程实施过程中能主动站在学程编制者的角度开展教学活动，依据实际情况及时调整、完善活动学程不协调的要素。

（三）促进教师专业技能的发展

斯滕豪斯认为，教师应当是行动研究者。教师参与课程开发，也就意味着教师是作为研究者的身份进入课程，而非是忠诚执行者。[1]第一，学程开发需要教师积极思考问题，一定程度上提升了教师的研究能力。在学程开发与实践中，教师以研究者的身份和心态置身于教学环境中，用研究的视角分析教学中出现的各种问题、困境。例如，教师要深入研究学生的个性需求和个体差异，开发受学生喜爱的学程；要深入研究开发的教学内容是否符合学情，是否需要增补、删除等。第二，学程开发提高了教师的学程设计能力。比如，教师开始学会如何更好地根据学校实际情况和国家课程标准，确定学程理念和目标。教师能够在学程理念和目标的指引下，学会制定学程的基本内容框架结构，并学会选择最优化、最适切的知识内容进入学程，同时教师还学会了如何制定学生学程学习成效的评价方式和发展路径。活动学程开发还要求中小学教师提高资源整合能力，充分利用校内外各种资源服务于自己的教学。第三，学程开发提高了教师创造性实施国家课程的能力。教师在活动学程开发活动中，无论是学程论、教学论知识的构建，还是学生观、教学哲学观的塑造，都将对国家课程的实施产生不可估量的积极影响。可以说，一个好的学程设计者，往往也是一个优秀的创新型学程实践者。理想的学程教学，是将国家课程转化为学生头脑中的学程，最终使学生将外在的学程内化为自己的经验，进而实现个体的全面发展。要实现这一转变，教师需要对学程标准、教材内容等文本进行深入研究，深刻理解学程设计者的意图和目的，激发出自身的积极性和创造精神，在教学中融入个人独特的理解，实现对学程的个性化再创造。国家课程的创造性实施，需要教师要对教学内容进行重构，如教师根据教学需求适当增加、删减、重组学程内容，根据师生在课堂教学中的互动情况调整教学环节。这个重构过程也是教师把自己对教材的解读、理解和对学生学情的把握融入学程实施，最终转变为学生体验学程的过程。这

1　王立忠,刘要悟."课程即研究假设"、"教师即行动研究者"——斯滕豪斯课程观之要义[J].大学教育科学,2010,2(2):97-100.

样作为学程开发者的教师，同时也就成长为一个理解创生的学程实践者。

（四）促进教师专业自我的形成

库姆斯提出："一个好的教师首先是一个人、一个有独特的人格的人，是一个知道运用自我最为有效的工具进入教学的人。"教师的专业自我是指教师在职业生活中对自己所从事教育教学活动的感受、接纳和肯定的心理倾向。目前中小学教师继续教育培训更多是将教师看成等待接受培训的对象，而不是活生生的有个性发展需求的教师个体。教师作为学程实施主体，自我反思在促进专业自我形成、提升专业技能方面具有决定性作用。一个好教师，一定是善于反思专业行为的。

此，经由活动学程开发与实践，我们能够成功激发教师自我反思和追求进步的内驱力，促使教师对自己的教育教学工作进行理性总结，并形成理性的反思。教师参与活动学程开发在学程中得到较大的赋权，极大激发了教师的专业自主性，同时在学程实施过程中，教师基于素养发展的个性化教学方法和行为方式的转变也将加速推动教师专业自我的形成。教师积极参与活动学程开发与实施，在这一过程中体验成功自主设计学程的喜悦和自豪，增强教学工作的成功感和价值感，进而有效提升教师的自我效能感。

第二节　活动学程开发理念原则
与基本流程

一、活动学程开发的基本理念

（一）活动学程开发要基于学生的个体性、差异性需求

20 世纪 50 年代以来，各国兴起"个性化教育"浪潮，一些发达国家的教育实践也证明了"个性化教育"的优势所在。新一轮基础教育课程改革中，国家提倡个性的全面发展，重视基础教育课程对学生的"适应性"。当前，国家课程、地方课程虽然较大程度地满足了学生发展的基本需求，却很难满足每一所学校学生群体的特定需求。这些特定需求只有各学校才有条件了解并满足，这也是活动学程开发的优势所在。所以，活动学程开发要基于本校学生的个性化、差异化需求，立足本校实际，开发出更具有"适应性"的学程。

一方面，尊重个体差异。差异就是一种资源、一种财富。活动学程开发时，开发者要把学生的"差异"作为学程设计的基础和动力，有针对性地对学生的实际发展需求进行深入了解和调研，根据学生的个性化需求设置丰富多彩的学程。另一方面，全面和谐发展学生个性。尊重差异并不是为了满足学生的差异需求而进行学程开发，不是学生需要什么学程就设计开发什么学程，而是以"全面和谐"为指向，在保证全体学生完成国家课程基础上，既能根据学生的个人潜质发展其特长、强项，又能根据学生需要发展的个性（不

一定是学生的特长或强项），同时还能发展学生必须具备的个性、品质，使学生成为一个既有个性特长又全面发展的人。

（二）活动学程开发的主体是学校及其教师

从三级课程管理来看，国家课程和地方课程的开发主体通常是能代表国家和地方意志的机构或专家学者，一般不包括基层学校和一线教师，开发的学程更具有"普适性"。活动学程要求具有较强的"适应性"，要符合特定学校的实际情况，要满足学校学生的实际需求，而只有学校才最了解自身发展情况、教师状况、家长和学生需求、社区资源等，也只有教师才最了解本校学生实际需求，才能开发出贴合学生实际的学程，这些是机构或者专家所不具备的，所以活动学程的开发主体只能是学校及教师。

学校及教师是活动学程的开发主体，并不意味着活动学程的开发只能由学校和教师承担并完成，也不意味着学校关起门来自己开发学程，不需要交流合作、不需要专家引领指导。在活动学程开发中，理论学习和专家指导是必不可少的，很多一线教师虽然教学经验丰富，但缺乏一定的学程开发理论知识，这势必会影响学程开发的质量。对学程开发教师而言，自觉学习理论、研究理论，提高自身的理论思想水平，是做好学程开发的基础。专家指导主要是学校邀请学程建设的专业研究人员（如大学教授、科研员、教研员、特级教师等）参与活动学程开发，从更专业的角度对一线教师的学程开发过程进 行指导、引领，避免出现开发的学程参差不齐、水平低等问题。一线教师在理论学习和专家指导下，才能更迅速地掌握如何立足实际开发适应学生需求和学校发展现状的活动学程。

（三）活动学程开发是基础教育课程体系的重要组成部分

从定位上看，活动学程是针对国家课程、地方课程无法满足学校和学生个体差异性而产生的，是基础教育课程体系的重要组成部分。所以，活动学程开发必须放在基础教育课程体系中通盘考虑。

一方面，人的全面发展包括"共性特质"发展和"个性特质"发展两部分，国家课程、地方课程的开发与实施主要是培养作为未来合格公民所必备的"共性特质"，而活动学程开发解决的是不同学校及其学生差异性发展所需要的"个性特质"培养问题。所以，活动学程的开发需要与国家课程、地方课程协调配合、互为补充，不能离开国家课程、地方课程来开发活动学程，把活动学程看成孤立的存在。另一方面，国家课程、地方课程一般只规定了课程的基本标准、基本科目、基本框架等宏观内容，这为活动学程的开发留下了很多空间。学校可以结合自身情况开发出满足学生个性化需求的丰富多彩的学程，与国家课程、地方课程共同构成育人资源。

二、活动学程开发原则

桂园小学活动学程设计遵循以下四大原则。

（一）传承性原则

在学校原有学程的基础上，通过筛选深受学生欢迎的精品学程，吸取学程管理中的有益经验与做法，在传承中不断寻求新突破。

（二）适切性原则

基于学校办学目标、学校教师特长、学生不同需求、学校功能设施来因校制宜、因人制宜、因地制宜地设计和开发活动学程。以"成为更好的自己"为学程总目标，全面系统地学习与学程改革相关的理论知识，吸收借鉴外部有益经验，立足本校实际，以实事求是和科学严谨的态度，不断实践、反思、总结，创造性地开展学程设计，将学校的办学目标切实地内化于学程之中。

（三）前瞻性原则

21 世纪，人类社会发展日新月异，人工智能时代已经到来。人工智能时代对人才培养提出了严峻的挑战，所以学校学程设计不仅要立足现在，更要着眼未来，打造契合未来社会发展的助力性学程。

（四）个性化原则

每一个孩子都是一个独立的个体，多元智能理论认为人人都有多种智能，都有自己的智能强项与弱项，强调善待学生的差异。在学程构建时，要充分考虑学生的个性化需求，为学生提供丰富多彩的、可自由选择的学程，满足学生成长的多样化需要，让学生在不断尝试中发现自己的潜能。

三、活动学程开发的基本流程

活动学程开发是为了满足本校学生发展需求，基于学校自身条件和办学特色，主要由学校以及教师进行的学程设计、编制、实施、评价活动。每一所学校的校情、学情都具有独特性，活动学程开发的目标、内容、过程也具有独特性。活动学程开发没有固定的程序和模式，只能从大框架上构建活动学程开发的基本流程。

从已有的学程开发实践经验来看，开发活动学程基本流程包括五大步骤：组织建立、情况分析、目标制定、方案设计、实施与评价。

（一）组织建立

为了确保学校学程改革工作计划有序、扎实有效地贯彻实施与呈现，学校成立了学程建设领导小组、学程实施工作小组和学程专业小组。学程建设领导小组由校长牵头成立，成员主要是学校行政人员，主要任务是全面负责学校学程改革工作的总体安排部署，统筹安排各项工作，为学程开发提供相应的保障。学程实施工作小组由负责统筹安排的行政人员、科组长与学程开发老师共同组成，主要任务是制定具体的学程开发与实施方案，并进行学程实践与评价，保证学程的质量。学程专业小组由学校特聘专家、学校专业骨干组成，主要是发挥专家的引领指导作用，协助学程开发教师进行学程开发与修订。组织的建立不仅为学程开发提供了一定的组织保障，能增进成员之间的交流、理解，增强凝聚力，形成学程开发合力。

（二）现状分析

活动学程开发既要满足学生个性化需求，也要从学校实际情况出发，进行科学的需求评估和资源分析。需求评估包括学生的需求、家长的期望、教师的预期等。资源分析既包括对校情的内因分析，如学校的基础设施、师资力量、学生来源和资质、学校现有的优势和不足、办学特色和办学理念、培养目标等，也包括对校外因素的外因分析，如学程改革政策、地区和社区的学程资源建设情况、社区文化等。在这一过程中，需要采用问卷调查、访谈走访等形式获取资源，进行系统科学分析，进而全面了解学校学程开发的资源条件，更好地进行定位。

（三）目标拟定

在对现状进行分析基础上，召开学程开发小组会议，制定活动学程开发目标。学程开发目标具有层级性，包括一般目标和具体目标。一般目标主要与教育哲学或教学的价值密切相关。学校需要结合实际情况建立自身的教育哲学思想。学校基于马克思主义人性论的立场，从自然属性、精神属性、社会属性等方面审视学校育人问题，明确学校学程开发的 教育哲学是马克思主义全人发展理论。具体目标主要指学生经过学程学习后应该具备的知识技能和情感价值观等，学校基于学情、校情和现状分析，确立学程总目标是"培育身心健康、品性优良、认知高阶、精神高雅的中华少年"。在学程开发中，学程开发老师还会根据学科要求、学生需求等设置具体的学程目标。如"英语绘本阅读"的学程目标：①积累英语语言知识、培养基本英语语言能力以及英语绘本学习技巧。②激发学生对于英语阅读的兴趣，感受中西方文化的差异。③培养学生的合作精神和思维能力。

（四）方案制定

目标的确定为学程开发方案的制定提供方向。方案制定包括制定学程纲要、学程开发奖惩办法等。一方面，学校结合学校的教育哲学、办学理念、培养目标、学程总目标等，整合现有的学程内容，形成集"培德、健身、启思、展艺"于一体的桂园小学活动学程体系。并在学程开发小组协力合作中，完成《深圳市桂园小学活动学程纲要》，为教师整体把握学程开发的目标与内容，审视学程实施的所需条件，明确学程实施的条件和评价提供了指引。另一方面，学校制定了《桂园小学活动学程开发奖励制度》《桂园小学活动学程实施管理办法》，按照一定标准对学程开发老师的工作质量进行考核，提高教师的积极性，确保学程实施的质量。

（五）实施与评价

活动学程的开发与建设是一个动态、持续的过程。作为学程开发的主体，教师需要有较强的学程开发意识、新学程理念，依据学程纲要开发出适应学生需求的具体学程，并合理利用教学资源进行课堂实践，认真落实学程方案。此外，教师需要制定学程的评价标准，包括过程性评价、结果性评价等，对学生的学习效果、满意度等进行评估，针对出现的问题及时调整。同时，学校也需要制定学程实施评价标准，对活动学程及时监测、评估，根据反馈结果修订完善活动学程方案。

第三节　教师学程实践成长与反思

在学校教育中，学程是孩子们成长的载体。活动学程的延展与补充，是学校学程的个性化实施。随着学校活动学程的开发与实践，大量青年教师加入其中，成为中坚力量，他们发现、思考、实施、改进，在开发与实施的过程中自身也获得了成长。

一、学程意识得到提升

课程意识是指教师对课程的敏感程度，蕴含着课程建设中的目标意识、课程资源开发的视角意识、课程实施的过程意识等方面。[1]课程意识的强弱对于教师能否成为成熟型教师具有重要的意义。在此次活动学程的开发过程中，学校教师的学程意识得到显著提升。

（一）目标意识

为更好地完成本次活动学程的开发，学程开发教师认真阅读了义务教育课程方案，从宏观上把握义务教育阶段对学生的培养目标，着力培养有崇高理想、有扎实本领、有责任担当的社会主义接班人，始终坚持以学生为主体，因材施教；聚焦核心素养的培养，面向未来；加强课程综合，注重关联性等基本原则。学程开发小组的成员们发展自己，提升目标意识，重新分析教学内容、学生现状，制定符合新时期要求的、科学的、合理的教学目标。

1　朱德蘗 . 课程意识培养：教师专业成长的重要环节 [J]. 中学政治教学参考 ,2014 (15): 69–70..

（二）视角意识

具备"学生视角"是青年教师专业成长道路上的一个重要目标。依托活动学程开发与实践，教师从"教师视角"转变到"学生视角"，越来越关注孩子们的生活，发现生活中可开发的学程。这里以"环保手工"学程为例，教师蹲下来思考孩子们的世界，一个小小的牛奶盒子，在孩子们的世界可以变成什么？孩子们觉得可以搭建机器人、可以剪开编手环、可以编衣服……转换到"学生视角"后，教师关注到了更多日常生活中可以开发的学程，既贴近学生生活，又赋予了学程新的内容；既实现了资源的整合，又提升了学程实施的效果。

（三）过程意识

在开发的过程中，学程开发教师以学生为中心，关注学生的全面发展，强调培养学生独立思考和自主学习的能力，鼓励并支持学生批判质疑、开展调查、深入探究。在这个过程中，教师经历了"主观臆断→发现问题→反思原因→调整内容→跟进观察→师生协同"的过程，渐渐从主观盲目走向 清晰发展。

二、教师角色发生转变

自桂园小学活动学程开发启动以后，作为开发者和实施者的教师也经历了一场角色的变化。在教师与学程、教师与学生、教师与家长的作用关系中，教师的角色由传授者转变为开发者，由权威者转变为合作者。

（一）由传授者到开发者

在学程主体方面，教师角色由原来的学程传授者、执行者转变为研究者和开发者。活动学程内容较少，降低了学程开发的难度，普通教师也可以成为学程研发者。教师可以根据自己的特长以及遇到的实际问题编制学程。例如，"守习校车"学程，教师根据一年级小朋友入校可能遇到的困难以及如何养成良好习惯编制而成，"守习校车"的研发内容是教师熟知的内容，将这些内容学程化，解决问题的同时，去研究、去反思、去发现、去生成，教师角色由学程的传授者、执行者转变为研究者和开发者。教师在开发学程的过程中享受到教育的乐趣，也助推了德育工作的开展。

（二）由权威者到合作者

在活动学程资源开发的过程中，教师与学生和家长的关系也发生了变化，教师角色由原来的权威者向着非权威的合作者转变。学程开发者逐渐认识到树立合作意识的重要性，开始积极思考如何"借力""求助"，主动与学生、家长建立良好的合作关系。通过与学生的密切合作，教师不仅赢得学生的信任，而且营造了温馨和谐的集体氛围及和谐融洽的师生关系。在家校共育的学程中，活动学程开发老师与家长密切合作，让家长真真切切感受到教育的点滴，与学校教育形成"同频共振"，确保家校共育真正落于实处。通过多元主体合作，教师可以有效化解与学生、家长之间的矛盾冲突，实现角色平衡，为新时代教师的角色转型提供坚实的保障。

三、教研能力获得提升

活动学程的开发是学校为助力学生全面发展而展开的一场大型教研活

动。活动学程的自主开发是一个由无到有的过程，开发者经历了困惑期、解疑期、发展期。在发现问题、学习知识、解决问题的过程当中，参与学程开发与实施的教师在教研能力方面获得了跨越式的提升，主要体现在自主研修纵深发展、同伴互助网状成长两方面。

（一）自主研修纵深发展

活动学程的开发为教师业务素质和能力的提高开拓了新的渠道。活动学程开发是教师自主思考的过程，也是教师结合自身专业水平发展提高的过程。在学程申报与实施的过程中，开发者不断发现问题，及时调整修改，进而不断反思自己的教学过程、总结经验，并通过主动撰写反思型教学案例来记录教学工作的所思所得，进而不断提高自己的理论水平和教学水平，进一步推动学程的开发和实施。在资源积累、分享和交流的过程中，教师对教学资源进行整合，提升了跨学科整合资源的能力。在这个过程中教师的教学研究能力获得了提升，多位学程开发和实施的老师论文获市级、区级奖项，陈程老师的"环保手工"学程获"深圳市教育科学'十四五'规划2021年度课题立项"。活动学程的研发充分调动了教师的主动性，激活了他们的教学热情，从而学程开发教师专业成长的内驱力。

（二）同伴互助网状成长

活动学程的开发与实施是团队共同作用的过程，也是一种互动的过程，这种互动性促使学程开发教师形成合力进行研究与实践。学程的实施需要多个学科的共同合作，教师个体往往不能单独完成。在合作中学程开发教师相互交流、相互学习、共同分享，形成集体的智慧。例如，"童话剧"学程需要语文教师、音乐教师、美术教师共同合作完成，语文教师负责带领孩子们进行童话编写，感受童话的内涵；音乐教师协同语文教师帮助孩子们理解角色，以表演的形式呈现，并指导孩子将剧情与音乐相结合，呈现更具视听感的童话剧；美术教师指导孩子们选择童话剧背景，使童话剧更具现场感。在这个过程中教师之间构建成一个学习共同体，实现了语文、音乐、美术学科的融合，实现了共同成长的愿景。

四、学程开发结出硕果

活动学程的开发与实施使教师在学程意识、学程角色、教研能力等方面都获得了显著的发展。教师的成长也促进了学校各项事业的发展，主要体现在教学业绩与育人工作两方面。

（一）教学业绩喜获丰收

深圳市桂园小学的教师们用广博的爱心润泽孩子幼小的心田，在活动学程中编织自己的教育梦想，在学程开发的过程中，学校通过多种方式为教师搭建良性互动的平台，针对教师的不同需求组织全方位、多层次、多形式的教学研讨活动。在这个过程中，学程开发教师不仅体验到教师职业的幸福感，还完成了自我人生的华丽转变。主金华、陈程等 20 余名教师分别在省、市、区各类教学大赛、基本功大赛中获奖。活动学程的开发让教师成为专业成长的主体，自我完善、不断成长，进而让教师的自信心和成就感倍增。

（二）育人工作同频共振

校园是学生德育培养的主场景。学校围绕教师、家长、学生三个主体展开，以学程为力量，以成长为话题，最终实现家校共育。在这个过程中，德育学程开发与实践教师在育人工作方面获得了长足的发展：从被家校间复杂关系和烦琐事务缠身的被动姿态变成家校合育的主导者和发起人；利用班队会课、综合实践学程等班级管理学程，同时完成学生素质能力教学和家校关系梳理两大目标，建立家校合育新生态，不仅让孩子全面成长，也让家长更懂教育，更使教师的育人能力得到了提升。

别具一格的活动学程开发与实践是学生潜移默化接受教育的重要途径。这些实践探索的过程始终充满生机与活力，这种生机与活力源自青年教师对学程的深入探索、积极开发与实践。在这个过程中，教师不仅促进学生的成长，也实现了自我专业的发展，进而形成了教学相长的良性运转模式。期待有更多的学程被开发与实践，也希望有更多的老师参与进来、行动起来。

附录：学程实践与反思

"环保手工"学程开发与反思

深圳市桂园小学　陈程

　　"环保手工"学程是建立在长期带学生参与清洗牛奶盒的活动基础上的一门活动学程。这门手工学程是让学生关注垃圾分类、践行垃圾分类、学习垃圾分类的同时培养学生的动手实践能力与创新能力。

　　"环保手工"学程的开发以牛奶盒和编织为基础。所用的材料是孩子们午托时回收清洗干净的牛奶盒。在培养学生创新实践能力前，以回收牛奶盒为媒介，潜移默化地培养孩子们的环保意识。我动员社团的孩子们入班宣传牛奶盒的正确回收方式，教会在校午托的孩子正确回收牛奶盒，这培养了他们的环保宣传能力，之后将各班的牛奶盒回收到指定的教室，下午放学后用课后延时服务的时间清洗干净当天的牛奶盒。

　　为什么坚持让孩子们清洗干净回收的牛奶盒？是为了让他们更懂得珍惜资源。孩子们付出了劳动，与这些牛奶盒建立了联系，久而久之便会懂得珍惜它们。用清洗干净的牛奶盒进行手工编织，能够大大激发学生的学习兴趣。学习编织的过程，对于三四年级的学生来说，其实是有一定难度的，其难度在于前期牛奶盒的编织设计。

　　2022年7月12日我参加了一场"'盒'你一起'说'分类"的公益直播，在直播中，我展示用牛奶盒编织的中国结、手环、帽子、手提包等作品，受到了现场专家的高度认可。学校以牛奶盒为载体的"环保手工"得到清华、北大教授们的肯定。他们肯定了我在学程中融入了绿色设计的理念，指出我们用回收回来的牛奶盒作为材料，完成了德育教育的目的，在手工制作的过程中完成了美育教育，锻炼了学生的动手能力与创造力。在制作的过程中，产生的边角料也是可以直接回收的，制作完成的作品如果有一天不想要了，还能直接回收分解，这就与很多其他的变废为宝的学程很不一样。虽然很多学校都在用回收的资源做设计或手工作品，但大多数都添加了很多其他材料，让原本单纯的资源经过混合后变成了混合材料。而我的"手工环保"学程跟他们的设计大大不同，在表达美的同时融入了绿色设计的理念。能得到清华、北大环保专家们的肯定，我倍受鼓舞。这让我更有力量去钻研牛奶盒的学程开发，让学程内容更为丰富，让学生们更为喜欢。同时，不忘在他们心田里种下一颗环保的种子。

"爱国主义电影欣赏"学程开发与反思

深圳市桂园小学　主金华

新学程实施以来，以校为本的理念深入校长和教师的心田，校本研修、校本管理、校本教研、活动学程、校本开发等字眼时常见诸报端，应该说，这是新学程的贡献之一。我深深感受到，以校为本的理念是对学校、教师、同学作为教育主体的尊重，是对学校特色、教师权利、同学个性的尊重。

一提到校本开发，人们首先想到的是开发某种活动学程。其实，校本开发是指一整套以校为本的学程开发理念、战略和技术。即使是像语文、数学等国家课程，也需要学校进行校本开发，综合实践活动也是一门国家规定的必修课程，中小学在实施的过程中，同样需要具有校本开发的理念、战略和技术。其次，校本开发具有不同的层次，我认为至少具有三个层次：一是基于学程研制的校本开发，二是基于学程管理的校本开发，三是基于学程实施的校本开发。第一个层次需要学校管理者具有学程领导能力，第二个层次要求学校具有学程制度建设能力，第三个层次则对教师提出了学程意识的要求。相较于其他学程，综合实践活动是一门最能够体现校本开发功能、也最需要依赖校本开发的学程，从而对学校管理者、学校组织和教师提出了以上三个层次的要求。这也是综合实践活动学程成为新学程实施难点之一的重要原因。"爱国主义电影欣赏"学程的开发共有以下几个方面内容。

第一，学程理解的确立与学程目标的开发。要有效地进行学程的校本开发，首先必须明白这是一门什么样的学程，以及学生为什么需要经历这门学程的学习，即形成学程理解。我以为这是提升学校的学程建设能力和提高教师学程意识的起点。在"爱国主义电影欣赏"学程开发时，我就在思考学程究竟是一门什么样的学程、学生为什么需要学习这门学程以及学生学习这门学程究竟要获得什么等有关学程理解的问题。假如教师不能形成正确的学程理解，他的学程实施往往就缺乏明确的方向。学程理解一旦形成，就要进入目标设定阶段，即通过研究，结合学校实际，将国家规定的"普遍取向"的课程目标具体化。课程目标的具体化，也就是学程目标的校本化，是对学程目标的"二度开发"。当前，在综合实践活动学程的实施过程中，学校需要明确学程实施的具体目标，分学段、分年级、分专题地研制学校层面的学程目标，把"普遍取向"的学程目标变成"行为取向""表示取向"和"生成取向"的学程目标。需要明确学生所要获得的能力、情感态度和价值观、知识与技能等方面的具体目标和其达成的程度。

第二，学程内容的选择和组织。严格意义上的学程必定拥有特定的学程内容，没有学程内容的学程是不存在的。学程内容开发的核心工作是内容的选择和组织。对于国家课程而言，由课程专家经过科学研究的过程完成了内容选择和组织的基本工作，但这一工作是针对全体学生的一般状况来完成的，且以静态的形式出现，它往往表现在具有纲领性的课程规范和具有可替换性的教材之中。对学校和教师而言，学程实施过程还需要进行动态的内容选择和组织，这些工作可以看作是学校对国家课程进行开发的过程。而对诸如综合实践活动等开放性学程而言，学校和教师所要做的工作远远不止于此，还需要将学生纳入内容的选择、确定和组织之中。从综合实践活动学程实施的角度来看，还需要活动主题的提出、选择和确定，活动主题内容的分解与描述。

第三，设计学习活动方式。只有确定了学习活动方式，学程开发才能由静态的设计真正走向动态的实施。学习活动方式和其活动程序、基本规范和方法论的设计，是除学程理解和目标设计之外的又一重要环节。学习方式的实现过程，是学生发展最真实的过程，也是体现学程价值的过程。任何一门学程的实施，都需要学校和教师进行学习方式的开发。学习方式的开发，不仅是撰写一份优秀教案，更不是仅指备课或写教学设计。我认为应该把重点放在学习活动的程序、方法规范和过程价值的落实上，要保证让学生完整地经历学习的过程。学习方式的设计并不要求一节课、一个活动主题，在实施过程中教学方法或活动方式越多越好，要克服这一误区。我在"爱国主义电影欣赏"学程学习活动设计中安排了不同主题不同方式的学习活动，希望学生在学习过程中各方面的能力都能得到锻炼。

第四，学程资源的开发。这是人们在学程开发上常考虑到的一点。其实这一工作是学程开发的一个方面。学程资源开发，主要是为学程的实施、学生的学习活动提供支持。对综合实践活动学程来说，学程资源的开发一方面是由学生来完成的，即学生自主搜集、整理与分析资料、素材。另一方面是由学校和指导教师来完成的，对每一个具体的活动主题来说，指导教师需要为学生提供必要的背景知识、方法引导、程序性知识的指导，学校应有意识地开发相关的环境资源。

活动学程开发本质上要求教师具有教育行动研究的素养。通过对活动学程开发实践情境的不断反思，不断提高活动学程开发的质量。

"国学经典诵读"学程开发与反思

深圳市桂园小学　杨奕

小学阶段开展国学经典阅读教学是推动传统优秀文化进校园，培养广大小学生良好的道德品质、行为修养，养成热爱学习、热爱生活、孝敬父母等积极心理品质的重要途径。国学经典活动学程的开发应结合学生的生活和学习环境展开。从学程目标、学程实施、学程教学评价等方面进行科学的开发，提升国学经典教育的实效。

在小学国学经典阅读教学中，活动学程的开发有的放矢，按照明确教学目标和科学评价方式对活动学程的教学进行设定。

例如，在知识与能力目标方面，国学经典活动学程要明确如下目标：学生能够流利、正确、有感情地诵读国学经典篇目；在诵读国学经典的过程中，积累传统文化知识，能够在生活中加以运用；教师在国学经典教学中不断受到经典文化的熏陶，提升自身文化素养，提高教学水平。在过程与方法目标方面，活动学程要让学生在诵读经典过程中提高诵读能力和对经典文化的理解能力，为后续语文学习奠定基础；通过熟读经典篇目和教师的教学，让学生能够按照经典的要求来规范自身行为，养成良好的行为习惯和个人道德品质。在情感态度与价值观目标方面，国学学程使学生认识到学习国学经典的重要性，实现对优秀传统文化的自觉践行和传承；引导学生在学习经典的过程中，学会继承与发展；通过国学经典学程激发学生的爱国主义热情，弘扬中华传统美德。发挥国学经典在促进学生全面发展中的积极作用。

课堂教学是活动学程开发的一个重要环节，在小学国学经典活动学程开发的实践中，要将优化活动学程课堂教学作为提升学程实施实效、最大限度发挥活动学程教育作用的重要方法。

例如，在课堂教学中，要注重利用有趣的教学导入激发学生的学习兴趣，利用寓言、文化故事、历史典故、成语故事、名人故事等作为教学导入，有效激发学生对经典诵读的兴趣，以兴趣引领课堂教学。针对小学生知识水平、家庭教育环境等方面的差异，在活动学程教学实施中，教师还可以采取分层教学，对不学生习水平的学生提出不同的教学要求，让所有学生都能够学有所获，进而逐步培养学习的兴趣。此外，教师要注重课堂教学与活动学程整合，丰富国学经典教学课堂内容；要将语文、书法、美术、音乐等学科内容结合国学经典教学内容进行整合，使课堂变得丰富、生动，激发学生参与的主动性与积极性。

课堂教学是实现活动学程教学目标的关键环节，教师在小学国学经典教学过程中要注重优化课堂教学，提升课堂教学实效，引导学生主动参与课堂教学，发挥课堂教学促进学生全面发展、提升国学经典教学整体质量的积极作用。国学经典教学的最终目标是通过传统经典教育培养学生良好的道德品质，让学生掌握一定的传统文化知识，为学生进一步学习和更好地生活 奠定基础。在这一过程中，作为学生生活学习重要场所的家庭具有不可替代的作用。因此，在国学经典教学实践中，教师要将家校合作作为活动学程开发的重要内容，为经典教学营造良好的教学环境。

国学经典教学在最近几年成为学校教学中的一个热点话题，在国学经典教学实践中，小学活动学程开发作为国学经典教学的突破口，丰富内容、灵活教学方式、明确教学目标，促进国学经典教学实效和质量的提升，促进学生全面发展。

"英语绘本分级阅读"学程开发与反思

深圳市桂园小学　高宁宁

英语绘本是一项不可或缺的阅读资源。英语绘本可以作为小学生早期阅读的来源，好的绘本内容可以让小学生终身受益。绘本具有画面优美、情节简单、句型反复、语言押韵的特点，对于培养小学生早期英语阅读能力有很大的帮助，不仅可以提高学生对英语学习的兴趣，还可以增加英语学习的词汇量。而绝大多数的绘本可以与生活联系起来，因此也可以间接将英语学习融入学生日常生活中，改善学生缺少语言环境、从有限的教材中接触不到原汁原味的英语的境况，让学生通过绘本感受到英语这门语言的魅力。

对绘本做难易程度上的区分，依据学生的语言能力安排教学。教学目标不同，所学绘本不同，教学的具体实施也应有所差别。

在教学时，找到主线，运用启发式的语言，引导学生学会观察画面，积极动脑想想、猜猜、说说，给学生留下充分的想象空间。活动的导入简单直接，通过让学生读一读、猜一猜，激发学生阅读的兴趣。学生在活动中通过角色表演，用动作、表情等展示自己的心情，真正让学生自由地动起来，学生情绪高涨，气氛异常活跃。这样动静交替，以多种方式进行绘本阅读，使活动一直在学生积极的、感兴趣的状态下进行，更好地完成了活动目标，达到了非常好的教学效果。经验迁移环节，学生在绘本故事的启发下，根据已有经验，积极地表达自我。最后利用学生喜欢的大图书完整讲述故事，对故事进行梳理，让一个完整的故事再现在学生面前。

在小学英语教学活动中，教师必须解放思想、与时俱进，充分结合当前小学英语教学的现状和特点来进行教学方法和模式的创新。教师要重视英语绘本阅读教学方法的运用，多和学生互动、沟通和交流，结合小学生的特点和年龄特征来科学、合理地运用英语绘本阅读教学方法，促进小学英语绘本阅读教学品质的有效提升。

"绘本育德"学程开发与反思

深圳市桂园小学 赵泽娴

第一次听到要自己开发一门学程的时候，心里完全是没底的，也不相信自己可以开发出一门活动学程。因此在最初报名的时候，我把自己报到了最后一批，希望可以借鉴前两批老师的经验，结果后来发现自己被分到了第二批，最终还被提到了第一批。那一刻，我心里充满着忐忑，觉得自己很难完成这一项任务。好在有学校的支持和专家团队的帮助，才让第一次参与学程开发的我，还算圆满地完成了任务。

绘本，指的是以绘画为主，文字为辅的课外读物。绘画凭借精美的画面、曲折的情节，深深吸引着学生的目光。目前，绘本阅读已经引起语文老师的重视，鉴于自己是一名语文教师，起初在设想活动学程时还是希望能与自己熟悉的领域联系起来，再加上同事"课本剧"的启发，我选择了"绘本剧"这一主题，希望能够根据低年级的绘本教材来完成这次学程开发。一直到专家团队指导之前，我都想的是"绘本剧"。直到面对面指导的当天，专家团队认为在日常教学中，教师多是从语文阅读教学的角度开展绘本阅读教学，以知识讲解为主，忽视了对学生思想文化的培育，没有充分挖掘绘本蕴含的德育主题。对于小学低年级学生来说，其身心尚未发育完全，很容易受到外界影响，借助绘本进行德育教育尤为重要。因此建议我更多 联系班主任工作，将绘本与德育相关联。而学校一直以来也很重视德育教育，开设了"知行"学程，因此我们便想到将绘本与"知行"相结合，根据不同的德育主题选择合适的绘本。本学程将绘本阅读与德育有机融合，从人与自我、人与他人、人与社会等维度确定德育主题，挑选相关绘本，让学生感悟绘本内涵，同时引导学生学习绘本中蕴藏的高尚品德，提高语文素养和品德修养。至此，我的活动学程"绘本育德"主题最终确定下来。

开设这门课的目标有三个。首先在于激发学生对绘本阅读的兴趣，加深学生对绘本的理解和感悟。学生通过深入探究绘本，理解故事情节的发展，了解故事人物的个性特点。其次，提升学生的认知和辨别能力，培养学生正确的价值观。学生通过阅读绘本故事学会善待生命、学会生活、学会感恩、学会珍惜友谊，形成尊重宽容、积极乐观、自信担当的品质，健康快乐成长。最后，学会与人交流沟通，培养学生的合作能力。通过师生共读、小组分享等形式引导学生学会合作探讨，发挥所长，培养合作能力。因此，本学程以学期为单位，共分八个章节和两个报告交流会，在学生完成学程学习后通过小报绘制、"故事大王"、红领巾广播站等对学生学习成果进行展示。

从提出想法到完成纲要、收集素材、整理成册，再到最终印刷成书，整个过程是辛苦的，也是有所收获的。在经历了这个过程以后，我对学程的开发有了进一步的认识，也增长了见识，明白了如何从自己熟悉的领域出发拓展新的发展空间。学程虽然已经成形，但未来实施起来也一定还会发现新的问题，希望到那个时候可以将这门学程开发得越来越完善。

"思维导图"学程开发与反思

深圳市桂园小学　陈晓晴

一开始，当我听到"学程开发"四个字时，我感到很陌生、茫然，也不知道如何去开发，更缺乏开发学程(如目标制定、框架设计、内容选择、实施评价等)的能力。后来，我有幸参加了学校组织的有关学程开发的一系列研讨活动，在专家的引领下、校领导的帮助下、与同行的探讨中，我对学程开发有了进一步的认识。下面我谈谈本次学程开发的历程。

首先是选题。第一，我该怎么选题？第二，我擅长什么？第三，为什么要设计这一门学程，这一门学程有什么意义和作用？带着这些问题，我选定了"思维导图"这门学程。同时，对这些问题的思考与理解也成了我这门学程设计的说明。

其次是设计学程目标。如何确定目标？我认为至少思考以下三点。一是这门学程需要学生掌握什么技能？二是这门学程能够提高学生的什么素养？三是这门学程能够培养学生的什么品质？

在以上问题都确定好了以后，我开始确定内容。通过收集大量的资料，了解分析实际学情，从综合实践学程的角度进行选择、确定和组合，形成更适合本校的学程内容。

紧接着思考学程实施。就"思维导图"这门学程，我制定了以下实施原则及做法。实施原则：以学生的发展为本，立足于培养学生的思维能力、实践能力、创造能力和审美能力。学程题材贴近学生，能有效激发学习兴趣，有利于学生掌握思维导图知识和技能。本学程以实践为基础，以活动为载体，让学生参与体验，在生活与活动中发现问题、思考问题、解决问题，发展实践能力和创新意识。实施做法：思维导图运用图文并重的技巧，把各级主题的关系用相互隶属与相关的层级图表现出来，把主题关键词与图像、颜色等建立记忆连接。手绘是掌握思维导图的基础，通过手绘可以培养学生 发散性全面思考问题的能力，使学生进行创新性的思考，培养学生的创新能力，提升学生的思维能力、学习效率和问题解决能力。

最后是有关学程评价及素养出口的思考及制定。经历了学程开发，可谓感慨颇多，有教训，更有经验；有困惑，更有收获。我深深体会到学程的开发为教师展示自我提供了新的舞台，挑战了自我，品尝了乐趣，提高了素质。

第一，学程开发是一个全新的领域，需要有大量新理论的指导，这就要求教师认真学习新学程理论，掌握新观念。

第二，学程的开发是一个极有挑战性的问题，为教师提供了无限的表现和创造空间。学程的开发需要搜集、整理和分析众多的资料，要花费大量的精力，对教师来说，这项工作无疑是一种压力、一种责任、一种渴望、一种成功。在开发过程，要不断调整、充实和完善自己的知识结构，及时反思，研究问题，寻找对策，有利于教师的专业成长。

第三，学程开发包括学情、校情分析、制订目标计划、确定内容、组织实施和学程评价；教师是活动学程的研究者、开发者和实施者，在开发过程中，教师不仅要发现问题，还要研究解决问题。教师在开发过程中应不断提高自身的学程开发能力和研究能力等，使自身得到培养、锻炼和提高。有利于教师提高驾驭学程的能力和教育教学的能力。

学程开发不能一蹴而就、一锤定音、一成不变，它需要不断开发、不断补充、不断调整。学程开发具有生成性和发展性。目前，"思维导图"的开发还处于初期阶段，由于时间和范围的局限，还远未成熟。为此，在今后的日子里，我将按照开发设想，让学程适应学生的需要，促进学生全面素质的发展。

"口风琴"学程开发与反思

深圳市桂园小学　王佳慧

编一本教材，这事搁在以前真的想都不敢想。一本教材啊！我们普通教师哪里能编得的出来……但是，终究还是小看了自己，这种事，一回生二回熟，写着写着就出来了。

通过这次学习和体验，对自己平时的工作还有持续学习方面有了明确的规划。以下是我的几点总结和反思。

第一，多阅读。编写教材，跟写论文其实有点像，要站在前人的肩膀上去完成自己的目标。所以多阅读"文献"是非常有必要的。这个文献不一定是学术性很强的文献，各种类型的文献有不同的特点，要学会捕捉。同时也不一定是与自己学科相关的知识，可以是一些跨学科的内容，这样在设计和构 思时会产生不同的碰撞从而形成属于自己的特色学程设计。例如，我在设计"口风琴"学程的时候，看得最多的其实是我小时候启蒙的钢琴教材，同时还掺杂了一些心理学的知识，如不同年龄阶段的儿童智力躯体发展是怎样的，他们能够达到什么程度的学习，从而把这些结合起来去综合考量。之后的职业生涯中，阅读应该会占据我非常大的一部分精力，因为，书中自有黄金屋！

第二，多思考。这个思考是我在专家的启发下形成的。在写学程纲要的时候专家反复追问我们，你们为什么要开这个学程？这个学程的目的是什么？孩子们能学到什么？你要怎么教？某一天，我突然茅塞顿开——"为什么"真的是一个好想法，难怪小朋友小时候都要多看《十万个为什么》这本书。通过不断向自己提问，大脑就会飞速运转，仔细地思考到底要去做什么。逻辑线会在不断的思考中越发清晰，所有你觉得很迷茫的问题都会迎刃而解。例如，编教材要思考的第一个问题就是，我要编哪个方向的教材，我感兴趣的？还是我擅长的？还是我一直想挑战的？不同的目标有不同的关卡难度，在思考的过程中会慢慢发现接下来自己可能遇到的问题及困难，等于给自己做了一个很及时的前情提要，做好充足的准备。

第三，多汲取。汲取的内容多种多样，但要注意，汲取你所需要的，不要全盘接收，否则容易消化不良。汲取的内容可以是别人的优点，也可以是自己之前的经验。总之对自己有帮助的就是有用的。

第四，多实践。俗话说得好，实践才能出真知。王阳明也不是一开始就能创立心学的，而是在不断的摸爬滚打中才逐渐领悟。中途经历了那么多的波折与痛苦，恰恰是这些痛苦才造就了如此伟大的心学。我们突发奇想的观点，也许可以成为一种很好的且属于自己的教学方法。格物致知固然有用，但只想不做，事倍功半。

总的来说，在这次编写的过程中获益匪浅，感谢专家团队的老师们，也感谢李校长！我们一定继续努力前行，在实践中成就更好的自己！

第七章

学科教学工作坊

第一节　校本研修的实施路径

一、校本研修的内涵

校本研修是发展教师群体智慧的教师队伍建设方略，也是学校教学研究的重要路径。校本研修以"基于学校、在学校中、为了学校"为基本原则。校本研修问题是研修活动的起点和对象，应当基于学校教学实践中的真实问题、共性问题和重点问题。对于校本研修的内涵理解，当前主要存在三种认识。

（一）将校本研修视为教师教育的形式

王祖琴指出，校本研修是以教师所在学校为基本场所，以促进本校教师、学生和学校的发展为本，以结合本校和教师本人的教育改革实践开展研究性学习为基本方式，以建立教师为主体，包括专业人员和学校领导在内的学习型组织为交流平台，以改善教师的教育行动为直接目标，以提高教师的专业素养水平和教育质量为根本目的，促进教师自主成长的一种教师教育形式。[1]

1　王祖琴.继承与超越：从"校本培训"到"校本研修"[J].现代中小学教育,2006(10):50–53.

（二）将校本研修视为教学行动研究

校本研修的本质是一种指向实践行为改进的行动研究。行动研究相较于一般的学术研究，更注重研究目的的校本性和研究手段的具体化。王洁指出，校本研修是以校为本的教学研究活动，是教师群体共同为解决教学实际问题，利用集体智慧跨越个体障碍的一种合作成长的有效途径。最重要的目的是为了帮助教师在课堂教学中更好地支持学生学习。[1]

（三）将校本研修视为学校制度文化的路径

校本研修是在整合校本培训、校本教研、活动学程开发等多种校本活动基础上逐渐形成的一种独特的教研制度或文化。如有学者强调，校本研修不仅是一种单纯的教师教育和专业发展形式，还应全面理解校本研修的基本内涵，并指出校本研修是把教师培训、教育科研、教学研究、学校管理和活动学程开发等有机融为一体，既是一种关于教师和教育学的行动研究，也是一种制度建设，更是一种健康向上的学校文化。[2]

综上，我们可以将校本研修的基本内涵概括为：校本研修是在学校中，为了学校，基于学校的教师专业发展的新方式。对于教师而言，校本研修是一种行动研究，对于学校而言，校本研修又是教师队伍建设的基本方略。

二、校本研修的特征

校本研修与中小学教师培训活动的主要区别是校本研修活动中的教师不

1　林静 . 王洁 : 校本教研要 "扎根" 于教师 [J]. 中国教师 ,2013(21):15–18.
2　尹祥 . 中小学校本研修研究综述 [J]. 天津师范大学学报 (基础教育版),2009,10(4):27–31.

是"受训者"，而是"研修者"，教师的主体地位更加突出。具体来看，校本研修具有自主化、行动化、校本化、反思性四大特征。

（一）自主化

校本研修强调教师主动参与，研修主题由教师自主提出，研修方式和研修时间安排由教师集体协商决定。因此，对于教师而言，校本研修具有极大的自主性。集体研修之外的个体研修，更是完全由教师自主决定和安排。当然，自主化是相对公开课、学校迎检任务而言，更能彰显教师群体的专业选择自由，也在极大程度上赋予了教师选择权。

（二）行动化

校本研修强调教师积极采取行动来改进教学实践。不同于教师培训，教师学习和掌握理论知识，但不一定具体指向教学优化改进行为。校本研修强调基于对学校情境中的教学问题进行研讨，最终回归到解决具体教学问题上，形成"问题—研讨—反思—问题解决—新问题产生"的完整闭环。换言之，教师在校本研修中体现出行动的特征，问题源自行动，问题解决又回到行动中。在这一过程中，教师自主构建起来的是一种实践性教学智慧。校本研修十分重视"知行合一"。简言之，校本研修是一种问题驱动的学习。

（三）校本化

校本研修强调以校为本，一是校本研究发生在学校场域中，二是指校本研修团队是基于学校的教师群体组建的学习型组织，三是校本研修的主体来源于本校的具体教学实践。与教师培训不同，校本研修将中小学校作为研训基地，教师的研修实践活动扎根于常规课堂教学活动。"好的学校总是呈现出组织性并总是处于建设性的和理智性的运行状态。"学校的运行，必然要靠将校本培训、校本管理、校本研究、活动学程开发融为一体的教师教育。[1]
校本研修正是这样一种基于学校的理智运行机制和方式。

（四）反思性

校本研修强调以教师认知和反思来提升认识，进而采取针对性策略来改进教学实践。不同于教师培训中教师被动接受的特点，校本研修极其注重集体智慧背后的个体深刻反思。唯有建立在个体深刻反思基础上的教学重构，才是高质量的重构，才是有意义的重构，否则只是低水平的简单重复。校本研修 以教师行动中的反思为根本。在校本研修中，强调引导教师从问题反思着手，教师依据研修活动所获取的信息对自己的教育观念、教学方法和行为进行反思，开展系统性反思总结，及时采取教学策略自觉自主地调整教学行为。因此，校本研修的全过程就是促进教师不断自主反思的过程。

三、校本研修的价值

校本研修能够促进教师更新教学理念、提升专业教学技能、确立教学个体哲学等方面的专业成长。对于学校而言，校本研修能够培育专业水平精湛的教师队伍，提高教学质量。

（一）及时回应教师的教学研修需求

心理学研究表明，最有力量、最为长效的动力来源于内心的兴趣和追求。不同于教师培训，校本研修绝大多数是教师自发提出的，是在充分尊重教师

1　何振华．基于人本理念的校本研修体系的建构和实践探索 [J]. 中学学程辅导（教师教育），2017
(21):3–4.

自主研修需求的基础上开展的。校本研修以解决教师在实际教学中遇到的真实问题为切入口，旨在满足教师研修的个性化需求，充分激发教师的主观能动性和创造性，将校本研修活动转变为教师的自觉自主学习行为。

（二）激励教师的职业生涯发展

校本研修坚持以问题为导向、以目标为导向。和校本培训侧重完成规定的培训任务有所不同，校本研修更加强调引导教师关注自身的专业发展道路，引导教师根据个人发展目标和自身优势自主制定个性化的专业成长短期目标和长远规划。在校本研修的过程中，始终注重引导教师将当前的研修学习与长远的专业发展规划相结合，以目标激励自己，引领自己不断进步和发展。

（三）助推教师学习型组织建设

校本研修中教师的学习不是单纯的个体学习，而是在教研集体中的共同成长。学校基于校本研修打造学习型团队和专业发展共同体，能够在整合集体智慧同时，形成共同愿景引领下的学校文化。系列化主题推动下的校本研修活动，能够持久激发参与教师的主动性、积极性和创造性，并在活跃的"头脑风暴"式研讨交流中汇聚集体实践智慧，超越自我专业境界，真切体会到"我为人人，人人为我"的共同体精神，体验到"共生共长、美美与共"的获得感，使学校形成积极向上的教风学风。

四、校本研修的路径

校本研修的路径丰富多元，各有特色。在中小学实践探索中，逐渐形成了教学工作坊、课例研讨、课题共研、叙事反思、混合式研修等多种模式。

（一）学科教学工作坊

在包豪斯学院，学生以"学徒工"身份学习，其中"形式导师"负责传授理论知识，工作室师傅"负责传授技术技能。其中的实践环节需要在特定的场地（即学生平常的实践操作空间"工作坊"）进行，所以"工作坊"渐渐成为实践环节的核心，以"工作坊"为核心的实践模式便被称为"工作坊教学"。在国内，林志森等人借鉴这种理念，创立了工作坊式教师培训模式。

（1）工作坊专业理念：专业发展共同体，具有共同发展愿景。

（2）工作坊专业引领：采取双导师制，一为实践导师，二为理论导师。

（3）工作坊研修主题：基于教学实践设计一系列研修主题。

（4）工作坊研修实施：坊主提出研修主题—理论导师设计研修活动序列—观察教师查阅收集教学论文等资料—被观察教师承担公开课—被观察教师提供教学设计初稿—工作坊集体研讨—被观察教师完善教学设计初稿—开展课题教学观摩—观察员根据观察点反馈意见—被观察教师修改完善教学设计形成终稿—被观察教师开展第二次教学观摩—研修总结。

（5）工作坊任务分工：在教师工作坊的研修活动中，工作坊成员的活动目标是共同努力完成研修主题的系列活动。在这个协作过程中，无论是坊主、辅导教师，还是观察教师、被观察教师，所有成员都有非常明确的角色分工，每个人都充分参与交流讨论，创造出更多的再生资源，进一步拓展坊内的共有资源。

（6）工作坊研修策略：支架式学习策略、协作学习策略、基于教学视频的网络互动。

（二）基于课例的校本研修

（1）价值取向：教学改进和师生发展。

（2）组织成员：来自同一学校。

（3）基于课例研修的实施模式：建立学习组织—发现研究主题—实施

课例研修—评价改进成果。

一是建立学习组织。制订工作计划与教学计划、研究计划等；进行任务分工，明确主备课人、主授课人（通常与主备课人为同一人）的职责，合理安排资料收集、观课、议课等工作分工；学习组织形式多样，既可以是年级教研组也可以是学校学科组。

二是发现研究主题。确定学科课程领域内的目标或者教学策略作为研修主题。研究主题既可以是某一学科教学领域普遍存在的一般问题，也可以是日常教学中碰到的某个棘手小问题。主题的确立，可采用"伙伴协商"或"头脑风暴"等较为灵活自由的方式，也可从学校的整体价值建构中提炼出研究主题。教师从自身对学科教学本质的理解与领悟出发，自主向组织提交研究主题，经组织内充分讨论后最终确立，以确保研修主题的有效性和科学性。

三是实施课例研修。

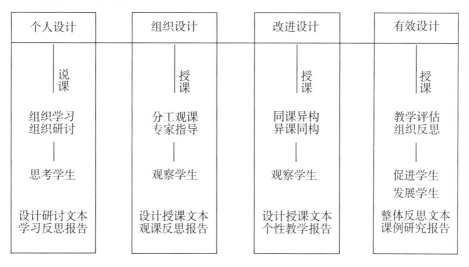

课例研修模型图[1]

1　李秀伟 . 中小学校本研修的改进路向与模型建构 [J]. 教育研究 ,2012,33(7):36-42.

四是评价改进成果。评价目标指向教学设计专业化、教学行为专业化、教学观察专业化、教学反思专业化。评价过程立足跟踪测试、材料积累、研讨展示、文章发表四个观察点

（三）混合式校本研修

混合式校本研修又可分为多种形式。以下是安徽省无为县推进"校本＋远程＋集中"的具体做法和实施策略。[1]

1. 研修运行模式

运用现代学习科学和信息技术，将校本研修、远程培训和集中培训有机整合。

2. 研修价值取向

以校本研修为主体，基于网络环境进行远程学习和资源服务、专业引领和交流研讨，通过远程学习和集中培训着力提升教育教学理论素养和教师能力，通过校本研修跟踪教育教学实践，实现教师培训与校本教研有效整合，提升教师能力。

3. 研修实施策略

线线上线下同步实施。

（1）网络研修

策略一：专题与聚焦，即根据当前教师培训专题，聚焦教师新学程教学中的重点、难点和焦点问题。

策略二：专家与本土，即聘请全国一流专家进行专业引领，同时突出本地骨干教师的实践指导作用。

策略三：跟踪与互动，即跟踪参训教师的新学程教学实践进行问题指导，

---

1 张淮江，汪文华．中小学教师混合式培训模式研究与实践——以安徽省无为县"校本＋远程＋集中"教师培训为例 [J]. 教书育人,2016(2):48-51..

引导同伴之间、学员与专家之间的交流研讨。

策略四：过程与结果，即关注参训教师的学习"过程"（自主反思、合作互助），同时关注参训教师的学习"结果"（理念更新、行为变化）。

（2）现场研修

策略一：以"三心"为主体的全员参与。所谓"三心"，即校长领导为"核心"，骨干教师为"轴心"，全体教师为"重心"。"三心"是有效开展教学研修活动（载体）的基础保障和必要支撑。

策略二：以解决实际问题为目的的问题培训。教师教学研修活动，一般经历发现问题、提出问题、诊断问题、研究问题，到解决问题的过程。"问题"是"活动"的生命。

策略三：以任务驱动的程式化研训"链条"。这个"链条"，一要具有可操作的程序、步骤，环节具体化、"活动"程式化；二要在每个环节明确"规定动作"（任务及要求），保障"活动"取得效果。

策略四：以网络为载体的"校本空间"。这是"以活动为载体的研训一体化"的管理手段，是校本教研的网上活动平台，又是学校和教师参与教学研修活动的全过程的"成长记录"和研修成果。

上述四种研修方式各有特色，适用于不同情境、不同区域的教师群体。教学工作坊特色在于双导师制，能够从理论和实践两个维度提升教师的教学理论素养和教学技能，提升校本研修的专业含金量；不足在于很多学校不具备能够高水平引领作用的名师以及外请理论导师参与现场研讨。基于课例的校本研究，特色在于聚焦课堂教学展开研讨，对于年轻教师熟悉常规课堂教学、对于中青年教师提高教学设计和教学技能有较大帮助；不足在于研讨的理论性不强，很难培养出专业素养全面的区域名师。混合式研修特色在于远程技术的深入参与，能够为农村等薄弱区域的学校教师提供大范围的支持；不足在于精细化、个别化程度不够，难以孵化出教育家型、研究型的名师。

第二节 工作坊的运行体系

学校以"工作坊研训"为抓手，形成了"坊主 + 专家 + 成员"的工作坊研训模式，积极探索提升青年教师职业素养的方法和体系，取得了一定成效。

一、优化工作坊组建流程

管理标准、流程完善是保障工作坊研训顺利进行的基础。学校依据市、区级名师工作室建设及管理方案，制定出适合本校青年教师职业发展的工作坊建设方案，优化组建流程。

（一）成立校工作坊领导小组，制定建设与实施方案

工作坊的搭建以校工作坊领导小组为管理组织，基于学校三年发展规划，制定《工作坊建设与实施方案》，针对工作坊的指导思想、工作目标、组织形式、主持人职责、组建方法、指导与管理方法、保障机制和考核评价方法提出明确要求，确保工作坊研训项目顺利进行。

（二）遴选工作坊主持人和成员，成立"坊主 + 专家 + 成员"研修团队

工作坊主持人的选定本着"示范引领"和"兴趣所向"原则，采用邀请与申报相结合方式，邀请学校具备高级职称资格的教师担任工作坊主持人，鼓励骨干教师和专项特色教师进行申报。由校工作坊领导小组综合商议确定成立高级教师工作坊、学科教学工作坊、德育工作坊和少先队阵地工作坊。

工作坊主持人签订责任书，学校为每个工作坊聘请专家作为顾问。工作坊主持人结合自身特点，明确工作坊研究方向和发展目标，并面向全体青年教师做招募宣讲。青年教师根据自身特长、兴趣及发展研究的方向申报一至两个工作坊，校工作坊领导小组遵循自愿申报和教龄三年内青年教师必选相结合的原则，最终确定工作坊成员。

（三）举行工作坊授牌仪式，挂牌运行

工作坊主持人及成员确定后，校工作坊领导小组策划举行授牌仪式。工作坊主持人根据本工作坊研究方向及成员特点，制定三年发展规划，并于授牌仪式上进行发展规划阐述；导师和工作坊成员代表分别表态发言，校领导向工作坊指导专家颁发顾问证书；成员根据工作坊三年发展规划，制定个人三年发展规划。工作坊正式挂牌运行。

二、建构工作坊研训体系

工作坊将"教的活动"变成"学的活动"，发挥主持人的示范组织作用，借力专家的指导引领，多方合作，形成青年教师职业发展的学习共同体，多维实践，探索工作坊研训体系。

（一）"共读＋自读"，夯实基础素养

共读活动以"木樨读书会"为名，每个月由工作坊主持人围绕工作坊研究内容推荐一本专业发展类共读书目。工作坊成员轮流担任领读者，每周一次共读交流，领读者根据当周共读内容确定阅读进度，围绕书中内容和教师教学实践至少设计两个交流问题。工作坊所有成员参加共读活动，并根据问

题进行思考，把阅读所得记录在"共读记录卡"上。以语文学科"习作教学"工作坊为例，本学期共读书目之一是语文特级教师管建刚的《我的作文教学六讲》，领读者根据第一讲和第二讲的内容，设计两个问题：问题一，管建刚老师在《什么是好的语言》一文中详细介绍了具有哪些特点的语言是好的语言？问题二，管建刚老师在介绍"什么是读者意识"时说道，他训练读者意识的做法是办一张《班级作文周报》，请你结合管老师的做法，联系本班实际情况思考，如果你的班级也办一张作文周报或作文月报，你打算怎样操作？工作坊成员根据阅读所得、结合自己教学实际思考，最后形成"'悦'读'管'见"，记录在读书卡里。这样的共读活动有明确的进度安排、思考方向，既有引领性，又有针对性，非常有实效。

自读活动由工作坊主持人每学期推荐几本选读书目，内容涉及思想政治、职业道德、教育理念、教学技能、课题研究等多个方面。教师根据兴趣爱好选读，并撰写一篇读书心得。每学期开展一次"读书沙龙"活动，分别以研讨式、论坛式、汇报式、报告式及朗读分享式组织。在共读和自读中，青年教师丰富了教育教学专业理论素养，拓展了教学类之外的知识系统，为职业素养提升打下了坚实基础。

（二）"集体备课＋集中教研"，提升专业素养

集体备课以成员展示课为载体，操作方法如下：工作坊成员轮流担任主备人，主备人先独立完成教材解读和教学设计，将教学设计稿发到所在工作坊线上研训群，并进行教学设计意图陈述；工作坊成员根据教学内容，同步展开教材解读，根据主备人的教学设计进行分析思考，集体"会诊"，提出完善建议。主备人整合成员建议，二次完善教学设计，进行课堂实际操作，工作坊成员现场听课。课后，主备人进行反思，工作坊成员根据课堂情况再次"会诊"，再次提出完善建议，最终形成比较优秀的教学设计。

集中教研以"专家坐镇指导"为主，一是展示前期集体备课成果，专家针对课堂教学呈现进行针对性"把脉诊断"，开出"处方"，并面向工作坊全体青年进行教学设计指导；二是围绕固定主题，专家进行系列讲座，对工作坊青年教师专业发展进行系统培训。主备人实践操作、团队成员集思广益、专家"对症下药"，既强化了主备人教学设计能力，又使得工作坊成员碰撞出智慧的火花。经专家的专业指导后，青年教师的专业素养都得到进一步提升。

（三）"展示课 + 比赛课"，增长教育智慧

展示课是工作坊研训常态活动平台，每位工作坊成员轮流进行讲课展示，展示期间，由工作坊主持人组织集体备课、上课听课、集中研讨和专家指导。展示教师将教材解读、教学设计、教学反思及专家指导意见进行整理，形成书面文稿提交到工作研训平台网站，工作坊主持人择机推荐投稿发表。展示课为青年教师的日常教学能力提供了成长平台。

比赛课分为两类：一是校内"雏鹰杯"教学比武活动，由学校针对青年教师制定比赛方案，工作坊主持人和专家指导本工作坊成员打磨课例，直至完成比赛；二是校级以上层面的各类比赛，由工作坊选派代表参加，工作坊的坊主、专家和成员以团队形式帮助参赛教师备课、上课及其他各方面的准备。以赛促学，以赛促训，有助于青年教师积累教学经验，增长教育智慧，快速提升职业素养和能力。

（四）"课题 + 学程"，提高科研水平

教育研究是不断发现问题、研究问题、解决问题的过程，研究教育现象和教育问题，对促进青年教师实践、提炼和提升大有裨益。工作坊采用"主持人引领、全员参与"的策略，以课题研究和学程开发为抓手，主持人申报各级课题，鼓励青年教师根据工作坊研究方向和属性加入课题组，或申报小

课题，形成青年教师"人人有课题，学科全覆盖"的局面。在课题研究的过程中，课题组成员对国家课程进行二次开发，使国家课程校本化实施，并围绕学科学程开发出一系列补充教材，如语文学科"读写结合"工作坊的《基于统编教材读写结合点的写话设计》，"诗教"工作坊的《节令中的诗词》，"绘本阅读"工作坊的《绘本上的语言与思维》等，有效拓宽、深化、达成学生学科素养的落实，提高了青年教师的科研水平。

工作坊研训是主持人和专家引领下的青年教师同伴互助学习模式。它以"学习、体验、反思"为核心，通过有目的的阅读、有主题的集体备课教研、有平台的展示、有方向的学程开发和课题研究，将理论知识转化为实践能力，由个体到抱团发展，变"教的活动"为"学的活动"，使青年教师在思想政治、职业道德、教育理念、教学技能、研究能力等方面增强职业能力，提升职业素养，实现了青年教师的职业成长。

三、工作坊运行保障体系

工作坊的建设和运行是一项系统工程，需要有共同的文化追求，有适当的活动经费和活动场地，有积极参与的人员，有严格的管理和考评制度等。在工作坊建设之初，学校立足教师的专业发展，从文化引领、资源配备、制度保障等方面为工作坊的发展营造良好的生态。

（一）文化引领

工作坊本质上是有着共同愿景的精神共同体。共同愿景基于个人愿景又高于个人愿景，是全体成员发自内心追求的，是建立在共同价值观基础上的对组织发展的共同愿望。[1]学校工作坊的建设秉承"搭平台、促成长、起辐射"的宗旨，充分发挥骨干教师的示范、指导、辐射作用，积极营造"自由、平等、开放、包容"的教研氛围，创建"共建共享、互学互教、温馨和谐"的学科研修团队，逐渐形成团队文化，提高工作坊成员的团队意识、合作意识和责任意识。同时，每个学科工作坊进行自己的组织文化建设，从坊名设计、文化标识、共同愿景等方面构建自己的核心文化，增强成员的凝聚力。

（二）资源配备

经费保障。学校每年做好工作坊建设专项资金预算工作，为学科工作坊提供相应的建设经费，用于工作坊活动的开展，如活动经费、学程经费、培训经费等。

场地和设备支持。学校按照省《中小学教育技术装备标准》配备了相应的仪器、设备和实验室、功能教室，为主持人开展研修活动提供活动场地和设备。同时，学校为学科工作坊提供专门的会议室，便于工作坊定期召开活动。

师资配备。坊主主要由有学科专项特长的高级教师和教学经验丰富的骨干教师组成，示范引领作用突出。成员选拔采用青年教师自愿申请和教龄三年内必选相结合的原则，提高了工作坊的活力，也满足了青年教师发展需求，激发了成员的参与热情。此外，学校为研修活动提供科研小助手，帮助坊主更好地开展研修活动。

（三）制度保障

为使工作坊切实发挥作用，提高教师的专业素养和教学研究能力，学校制定了《桂园小学工作坊建设与管理方案》，确立工作坊建设的指导思想、工作目标、组织形式、质量标准等，明确坊主和成员职责，明晰工作坊的管

理制度。同时，各个学科工作坊结合自己的实际情况，制定本坊的建设方案，如《桂园小学语文学科工作坊建设与实施方案》，为语文学科工作坊的建设和发展提供了保障。同时，学校精心设计工作坊评价指标标准，对工作坊进行年度考评，对优秀的工作坊给予奖励，调动教师的积极性。

第三节 工作坊的评价设计

　　学科教学工作坊是一个共同体，由具有共目标的、希望提高教学技能和水平的、共同进步的教师群体组织。学校学科教学工作坊主要采用"坊主＋专家＋成员"的工作坊研训模式，坊主是工作坊研修的直接负责人，对工作坊的发展负直接责任。为了提高工作坊成员的研修能力和坊主的主持能力，有效达成工作坊发展目标，学校精心设计了工作坊评价指标标准，对工作坊进行年度考评。

一、工作坊评价基本原则

（一）激励性原则

　　激励性原则指在工作坊运行和管理过程中，及时对成员的进步和贡献给予肯定、认可或者适当的奖励，通过多种方式提高成员参与工作坊活动的热情、积极性和创造性。工作坊通常是由共同的目标组建而成，成员有较大的自由选择权，坊主不能采用强制措施约束成员，所以需要多方面激发成员参与活动：一是激励成员按时按期参加工作坊活动，落实考勤和请假制度，每次活动之后拍照纪念，让成员有参与的仪式感；二是激励成员发挥自身主观能动性，在活动中积极建言献策，分享自己的感悟心得等。坊主根据成员的参与程度和表现情况及时进行鼓励，形成榜样激励，年末根据成员表现给予奖惩激励，以满足成员的内在需求，使之保持稳定的参与热情。

（二）发展性原则

发展性原则指基于成员在工作坊中的表现进行评价，注重发掘成员的潜能，关注成员的进步。成员的成长不是一蹴而就的，而是一个动态演变、持续发展的过程，需要在实践活动中逐步积攒经验、不断提升自我。在工作坊管理中，要立足实际的教学问题展开研修活动，鼓励成员广泛参与、体验、交流、合作，关注成员的自我认识、自我诊断、自我调整的内在需求，坊主对成员的困境、疑问进行引领指导，提出建设性意见，帮助成员更好地实现自我发展。

（三）差异性原则

差异性原则指在对工作坊发展进行评价时要考虑成员之间的差异性，包括教龄差异、学历差异、技能水平差异、理论素养差异等，根据成员的差异制定不同的发展规划和考评要求。由于成员存在差异，成员对工作坊活动的参与程度不尽相同，在评价时要充分考虑成员参与实践的时长、完成的工作量、发现解决问题的能力、与其他成员的合作能力等，进行差异性判断。

二、评价指标框架设计

学科工作坊是一种由学科教师培训逐步发展为教学与研修一体的新模式，也是发挥名师和骨干教师的示范引领作用、为新教师搭建成长平台、推动新老教师共同发展的新机制。坊主在工作坊中承担着多种角色，既是研修活动的设计者、组织者，又是实施者、评价者，肩负着组织、协调、引领、示范等重任。成员作为工作坊活动的主要参与者，要积极参加活动，不断提高自身的教学水平，推动工作坊的持续发展。对学科工作坊的评价要素涉及坊主的专业引领能力、成员的专业成长水平。其中坊主的专业引领能力包括资源整合能力、组织管理能力、团队建设能力；成员的专业发展包括参与热度和教研水平。坊主的专业引领能力与成员的专业成长共同构成对工作坊的二维多面评价框架。

三、评价要素分析

（一）坊主专业引领能力评价要素

1. 资源整合能力

在学科工作坊活动开展中，资源指的是成员学习、分析、研讨、问题解决的素材和资料。坊主需要根据实际情况准备研讨资料，如音视频、案例、试题等，并对资料进行有机整合，确立每次研修的主体内容。研修结束后，坊主需要根据研修活动生成相应的资源，客观真实地展现成员的进步和研究成果。根据资源整合的时间和目的不同，资源整合能力可以分为两大类，如下表。

一级指标	二级指标	三级指标
资源整合能力	预设性资源整合能力	是否能从网上进行资源检索、下载。 是否能对资源进行选择和加工，并形成研修主题。
	生成性资源整合能力	是否能预先规划生成性资源的类型、数量。 是否能加工形成恰当的生成性资源。

2. 组织管理能力

坊主是整个研修活动的主导者，组织管理能力直接关系研修活动的效率。

根据研修实施过程，组织管理能力具体可以分为三大类，如下表。

一级指标	二级指标	三级指标
组织管理能力	研修活动布置能力	是否进行活动方案的策划与制定。 是否合理进行角色分工。
	研修过程指导能力	是否及时监督成员的研修进展。 是否能诊断成员面临的困境。 是否能给予成员一定的方法指导和帮助。
	研修结果评价能力	是否能对成员的工作任务进行点评。 是否能对成员的优秀研修日志和作业进行推荐。 是否能对研修过程进行总结与评价。

3. 团队建设能力

在工作坊研修活动中，坊主需要为成员营造团结友好的学习氛围，凝聚成员力量，共同促进工作坊的发展。团队建设能力具体可以分为两大类，如下表。

一级指标	二级指标	三级指标
团队建设能力	研修规则制定能力	是否建立工作坊共同价值观。 是否制定科学的研修细则。 是否制定合适的激励机制。
	团队引领与合作能力	是否能组织活动促进成员之间的交流合作。 是否能推动成员协同完成研修任务。

（二）成员专业发展评价要素

1. 参与热度

工作坊的发展不仅需要坊主具备良好的专业引领能力，也需要成员积极参与其中，认真配合完成各项研修任务。成员对研修主题的兴趣程度、完成任务的质量、自我满意度等都对工作坊工作的开展和成员的专业发展产生影响。对成员参与度的评价主要通过考勤表、研修日志、年度问卷调查等方式完成，具体指标如下。

一级指标	二级指标	三级指标
成员参与热度	兴趣程度	参加研修活动的期数。 对研修主题的感兴趣程度。
	任务完成度	完成研修日志的篇数。 已完成的工作任务。 未完成的工作任务。
	自我满意度	通过年度问卷调查测试成员对研修活动的满意度。

2. 教研水平

成员的教学水平、科研水平是否得到提升是工作坊的一个重要考核因素。一个为成员服务、认真开展活动的工作坊势必对成员教研水平的提高具有重要作用。对成员的教研水平评价主要采用结果性评价，具体指标如下。

一级指标	二级指标	三级指标
成员教研水平	公开课	承担公开课的次数与级别。
	论文发表	论文发表的数量与刊物级别。
	课题申报	课题申报的数量与级别。

综上，学校从坊主的专业引领能力和成员的专业发展水平两大维度出发，设计了五个一级指标，每一个指标再进行分解，细分为二级指标、三级指标，共同构成工作坊的五级评价指标体系，如下表。

工作坊评价指标体系

	一级指标	二级指标	三级指标
坊主专业引领	资源整合能力	预设性资源整合能力	是否能从网上进行资源检索、下载。 是否能对资源进行选择和加工，并形成研修主题。
		生成性资源整合能力	是否能预先规划生成性资源的类型、数量。 是否能加工形成恰当的生成性资源。
	组织管理能力	研修活动布置能力	是否进行活动方案的策划与制定。 是否合理进行角色分工。
		研修过程指导能力	是否及时监督成员的研修进展。 是否能诊断成员面临的困境。 是否能给予成员一定的方法指导和帮助。
		研修结果评价能力	是否能对成员的工作任务进行点评。 是否能对成员的优秀研修日志和作业进行推荐。 是否能对研修过程进行总结与评价。
	团队建设能力	研修规则制定能力	是否建立工作坊共同价值观。 是否制定科学的研修细则。 是否制定合适的激励机制。
		团队引领与合作能力	是否能组织活动促进成员之间的交流合作。 是否能推动成员协同完成研修任务。
成员专业成长	成员参与热度	兴趣程度	参加研修活动的期数。 对研修主题的感兴趣程度。
		任务完成度	完成研修日志的篇数。 已完成的工作任务。 未完成的工作任务。
		自我满意度	通过年度问卷调查测试成员对研修活动的满意度。
	成员教研水平	公开课	承担公开课的次数与级别。
		论文发表	论文发表的数量与刊物级别。
		课题申报	课题申报的数量与级别。

第八章

课题研究共同体

第一节　教师科研的价值取向

一、教师科研界定

这里所指的教师科研，特指中小学教师开展的各级各类课题研究。教师课题研究包括校级课题、区级教育科学规划课题、市级教育科学规划课题、省级教育科学规划课题、国家级教育科学规划课题，以及各级教育学会组织评审的教师科研课题等。因此，这里的教师科研是狭义意义上的教师科研。

二、教师科研性质

教师科研不同于大学教师和教育科研机构开展的科研。相比专业化的学术科研，教师科研体现出鲜明的应用性、行动性、准专业化、微观化的特质。

（一）应用性

中小学教师开展的课题研究，明显不同于大学教师进行的学术科研。大学教师或专业研究机构所做的研究，大多是理论性研究，是对某一研究领域理论体系的开创性建构与拓展。中小学教师开展的课题研究是应用性研究，这是由中小学教师的身份和职责所决定的。从中小学教师的研究选题来看，一是基于课堂教学中存在的实践难题，二是基于某一学习或教学理论的实践探索。无论是前者还是后者，都强调从教学实践中来，为实践应用服务。从中小学教师的研究成果来看，大多是学科教学实践模型、活动学程开发、学科教学变革策略等，都体现出鲜明的应用性特征。换言之，教师科研和课堂教学密不可分，是学科教学实践的"一体两翼"。教师科研基于课堂教学，课堂教学又得益于教师科研。当前，我们要警惕的是，教师科研开题之时"大张旗鼓"，课堂教学却"一切如故"。

（二）行动性

中小学教师开展的课题研究，在研究方法上往往采用"行动研究法"。所谓"行动研究法"，是指在教学实践基础上，总结教学理论，并将理论运用于实践，同时又在实践的基础上进一步建构和完善理论，不断形成理论—实践—理论—实践的循环链条。可见，在这一研究进程中，教师亲身参与行动是最为突出的特质。而大学教师开展的课题研究，要么是理论研究，偏重哲学思辨和学理阐发，要么是量化研究，偏重数据实证和模型建构。中小学教师科研重在行动参与，而非坐而论道，更多体现在创造性地运用理论解决实际问题。总之，中小学教师科研的最终目的是实现教师教育观念和教学行为切实的、自觉的行动转变，是课堂教学的优化和课堂教学效率的提高，是学生学习兴趣的增强。

（三）准专业化

中小学教师开展课题研究，在学术规范方面相对欠缺。比如，在文献检索上，存在文献选择不当、参考文献数量过少、文献述评缺失等问题。在理论基础上，往往存在"贴标签"的问题，对理论基础不理解，也不能提出该理论何以成为课题研究的支撑性理论、这一理论对课题研究的开展能够起到怎样的作用。比如，建构主义理论是当前中小学教师课题研究引用频率较高的理论，但实际上很多课题的理论基础并非根植于建构主义理论。中小学教师课题研究，在研究方法上存在不理解相关研究方法的具体操作要求、规范性科学性明显不够的问题。从研究成果看，大多是经验总结，缺乏逻辑性和学理性，质量较低。另外，从教师投入的时间精力来看，也大大少于大学教师。中小学教师的"主业"在教学，普遍面临课时多、事务多的问题。课题研究只能在完成常规教学的基础上推进。这样一来，研究时间的缺乏成为制约教师科研专业化的最主要"瓶颈"。此外，中小学校教师的学历和学术水平与高校教师存在很大差距，科研意识和能力普遍薄弱。

（四）微观化

中小学教师的课题研究，侧重对课堂场域中各种教学活动进行观察思考和反思，并基于课堂场域中存在的问题提出课题，往往聚焦于课堂教学的某一局部问题，选题多属于微观范畴。比如，"基于核心素养的语文阅读教学策略研究"，一是不同于政策研究，如"五育并举视域下的学校学程体系建设""数字化教材的管理体系"等；二是不同于学术研究，如"中国古代教学哲学思想的当代建构"。这样的选题也不能说不好，对于中小学来说，囿于客观条件的限制，多适合开展这一类"切口"较小的课题研究。

三、教师科研作用

教师科研对教师专业成长和学校发展具有重要推动作用，是教师专业成长的"助推器"，是学校发展的"加油站"。教师科研的意义主要体现在：提高科研意识和能力、拓展教学知识范围、提高学程教学素养、融合与创新教育理论与教育实践、型塑涵养学校的研究文化等方面。

（一）提高教育科研意识和能力

"作为教师来说，教育科研意识就是对教育活动的有意识的追求和探索，是运用教育科学理论指导教育活动的自觉，是对所从事的教育活动的一种清晰而完整的认识。"[1]教育科研意识生动展现了教师对教育事业的执着与敬业、对学生的深沉热爱与无私奉献。传道授业、教书育人不仅是一项充满创造性的、极为复杂的心理活动，也是一项需要付出和牺牲巨大时间精力的平凡工作，坚定与热爱是教师职业必不可少的品质。在课程教学变革不断深入的今天，缺乏教育科研能力的教师是无法胜任教师岗位的。试想，一位教师，每天仅是完成常规的教学工作，缺乏问题意识，缺乏思考，缺乏行动改进意识，他的课堂学生能够喜欢吗？21世纪的社会对教育教学提出了发展学生核心素养的时代诉求，这就亟需懂科研善教学的高素质专业化教师队伍来提供优质课堂教学。

教师参与课题研究，能够有效培养教师以教育科研的眼光和智慧来看待教育实践中发生的事件，激起创造性解决问题的动力。当然，从科研意识培养到科研能力提升不是一蹴而就的，教育科研是一项极其富有挑战性的工作，教师必须先掌握科研常识、运用科研方法、参与科研实践，只有在这个过程中才能实现从科研意识到科研能力的有效转换。"从学习教育研究知识到形成科研能力，中间要经过两个转化：一是在初步实践基础上，将科研知识转化为教育研究操作技能；二是通过参与实际课题的研究，将科研技能转化为研究能力。"[2]具体而言，教师科研能力主要包括阅读能力、写作能力、检索

1　王建军.教师科研意识的培养与素质的提高.教育评论[J].1996(5):23–25.
2　郭德侠，楚江亭.教育科研能力是新世纪教师的角色要求[J].当代教育论坛.2003(5):40–42.

文献资料能力、交流能力等。操作性技能包括确定论文题目、制定研究计划、课题论证、观察与访谈、设计调查表、测验和统计分析、撰写研究报告和评价分析研究报告等。

（二）拓展教学实践性知识

教师的教学实践性知识，即教学智慧，是一种程序性知识，是关于"如何去教"的策略性知识。这是教师教学风格形成的重要前提，也是教师知识宝库中闪亮的珍宝。

教师开展课题研究，能够搜集和研读、消化众多经验丰富、教学思想活跃的同行们的教学论文，这样的过程既是研究的过程，也是学习内化的过程。教师的实践性知识主要涉及策略性知识和反思性知识。教师的策略性知识包括教师对学科内容、学科教学法、教育学理论的理解，对整合了上述领域的教学学科知识的把握、将原理知识运用到教学中的具体策略（如比喻和类推）、对所教科目及其目标的了解和理解、对学程内容和教学方式的选择和安排、对教学活动的规划和实施、对教学方法和技术的采用、对特殊案例的处理、选择学生评估的标准和手段等。[1]教师的反思性知识正是植根于教师开展的课题研究，这是因为研究是一种实践取向的反思，需要教师反思自我日常教学行为的成效和不足，需要教师对自己的经验进行系统梳理，进而在行动中反思，在反思中行动。

（三）提升学程教学素养

教师开展课题研究不仅能够增强科研意识、提高科研能力，更为重要的是，能够持续性提高教师学程教学的基本素养。教师科研经历到学程教学素养的转换，是在"学习力—发展力—研究力—教学力"的多重转换中逐渐形

1 陈向明.实践性知识：教师专业发展的知识基础 [J].北京大学教育评论.2003(1):104-112.

成。一是教育科研活动能激发教师内在的学习需求，促使教师养成终身学习的习惯，并最终内化为受益终身的学习力。二是面对教学实践中不断涌现的新问题，教师通过教育科研深入开展探究、不断完善教学方法、积累教学经验、转变教学思路，进而逐渐提高教育教学质量，推动自身专业发展。三是教育科研需要一系列方法的支撑，从观察法到实地调研法，从数据分析法到文献阅读法，从问卷调查法到比较研究法，多种科研方法的使用能够有效提高教师的研究水平和研究能力，进而提高教学能力。

（四）教育理论与教育实践的融合与创新

中小学教师的课题研究有特殊的意义和价值。如果说大学教授的学术科研是"顶天式"的研究，那么中小学教师的课题研究则是"立地式"研究，能够将理论深深植根于现实的教学土壤中。教师课题研究能够真切回应教学实践对教育理论的呼唤，真正促使教育理论与教育实践的融合与创新。

中小学教师课题研究对于理论与实践的整合具有促进作用，主要表现在以下几个方面。"一是教师研究共同体建构的动机来源于实践，即为了促进教师教学行为的改进，需要教师共同体的成员具有敏锐的洞察力以及发掘教学实践中值得重点研究问题的能力；二是教师研究共同体的研究素材取自实践，即教师研究共同体扎根于学校的日常教学活动中，其探究的问题都来自对教学实践'原材料'的选择和论证；三是教师研究共同体建构的任务是解决教师实践问题，即通过教师研究共同体的探究，帮助教师增加实践教学知识、解决现实教学困惑、理清教学设计思路等。"[1]

1　魏宏聚，任玥姗.中小学教师研究共同体价值审视、实践偏差及优化路径 [J]. 教师教育学报，2021,8(3):55–62.

（五）型塑涵养学校的科研文化

学校科研文化指"在学校行政人员与教师共同开展教育科研活动的过程中创造出来的一种研究氛围、风气和制度，它体现了人们对学校教育改革的共同价值观和信念等。"[1]一所优质的学校，其核心在于有卓越的学校教育教学文化，而教育科研文化是学校教育教学文化的重要组成部分。严谨求真、科研善教的良好学校科研文化能够带动校园文化等。学校科研文化的内核在于教师群体的精神文化，即教师对于科研、教学所持有的共同思想观念和价值追求，它集中深刻地反映着学校文化，是引导学校教师开展课题研究等科研行动的内在"发动机"。

教师进行课题研究，意味着教师的课题组是一个协同开展研究的专业发展共同体，而课题正是专业发展共同体的平台。一般来说，课题主持在团队中起到"首席教师"的作用，新手教师则作为共同体的新手加入。在课题的组织申报中，课题主持人带领成员分工检索文献，形成研究报告在共同体内部进行分享，极大促进了教师之间的交流沟通，同时围绕选择哪些文献、析取哪些观点、建构何种文献框架等问题鼓励年轻教师勇敢表达，展开充分研讨，这样和谐、认真、严谨、求实、合作、宽松、包容的研究氛围就逐步得以确立，教师研究共同体成员从"合法的边缘性参与"逐步走向"舞台"中央，进而实现成员之间的共生共长。

1　吴增强.论学校科研文化建设[J].中国教育学刊,2006(1):36–38+48.

第二节　院校协同研修的实践探索

桂园小学和华南师范大学的协同研修从提出到现在经历了不同的发展阶段，包括从刚开始的经验摸索，到互相认同达成协同研修，整个实践过程体现了教师成长和研修模式从个体走向集体、研修环境从封闭走向开放、研修机制的运行从经验走向理性的转换。院校协同研修共同体的构建能够充分发挥高校和基础教育之间联合研修的独特价值，助推华南师范大学先进理念向桂园小学的传播与渗透，进而形成主体性发展相互依存、共同发展的助长关系，实现学校整体教育质量的提高，落实新时代教育公平发展的要求。

一、院校协同研修的实践意义

通过构建"华南师范大学—桂园小学"协同发展联盟，实现高校与中小学校多元合作，满足学校教师的再教育需求。"华南师范大学—桂园小学"协同发展联盟旨在集聚、共享、开发优质教育资源，形成大学与中小学协同发展合作机制，创新教师专业发展一体化路径，全面提高教师教育教学水平，打造一支技术精湛、水平高超的管理者团队和卓越教师队伍。通过与大学开展合作，建成协同发展联盟运行机制与优质教育资源共享机制，开展教师职前培养和职后培训、学科组建设、校园文化优化升级、课堂教学深度研讨、教师交流互访等活动，推动基础教育高质量发展，促进高校与普通中小学协同发展。

二、院校协同研修的实践路径

（一）共商协同研修愿景

共同愿景是组织内全体成员自觉追求目标或理想的集合，体现了组织成员的共同理想、价值追求和奋斗方向，是形成协同研修共同体的基础，也是推动共同体齐心协力、持续前进的内在驱动力

"华南师范大学—桂园小学"协同研修共同体所追求的目标，是全体成员协同努力、团结一心所描绘的宏伟蓝图。共同目标或愿景并不是要求所有成员对某一个想法达成一致意见，而是成员间来自内心深处的感召与共鸣，集中体现了协同研修的精神形象。华南师范大学与桂园小学协商确定职责与义务，并签订合作协议，桂园小学提供共同研修基地，华南师范大学提供智库支持、资源支持等提高桂园小学的实际办学水平，指导成员、学员研究形成个性化的理论与实践成果。关于协同研修的各种活动方案与活动计划，具体实施步骤与内容由双方民主协商，逐步提高合作的达成度、默契度。

促进教育资源的丰富与开放是现代化教育发展的必然趋势。桂园小学和华南师范大学建立在为党育人、为国育才的共同的教育使命的基础上，本着双赢共生的原则，共商协同研修愿景。

1. 精准帮扶，助力教师专业培养

坚持以需求为导向，立足学校发展需要。华南师范大学选派一批优秀教师赴桂园小学开展深入调研、访谈活动，了解学校在课程建设、课堂教学变革、新课标实施等方面的实际情况，整体把握学校推进基础教育改革实践的优势与不足。桂园小学与华南师范大学合作共建"教科研"基地，学校积极引进高校资源组建一支专家"智库"，通过定期开展业务培训、示范教研、课例研究、同课异构、观课评课等活动，使大学与桂园小学相关学科教师紧密合作，

形成教研共同体、课题小组和同课异构团队，有效提升桂园小学教师的专业素养和教学能力，桂园小学教师的职后发展提供专业的持续支持。

2. 目标引领，提升教育教学水平

树大须根深，根深能叶茂，叶茂可果丰。教学是学校工作的核心，教学质量是学校持续发展的生命线。桂园小学结合办学特色和学科建设等实际情况，以"人才培养"为核心任务，分阶段、分学科地开展学程开发与实施工作，逐步提高学校教育教学质量和办学水平，为学校的长远发展奠定基础。

3. 多措并举，打造协同育人品牌

学校特色是一所学校办学理念、文化内涵与精神风貌的集中体现，是一所学校有别于其他学校、展现学校独特魅力与个性品质的表现。桂园小学利用大学的有效资源来形成自身的特色学科，甚至办学特色。华南师范大学作为华南地区颇具影响力的高校，坚守教育初心和教书育人的使命，致力于振兴和发扬 师范教育的优良传统，极其重视对师范生的培养教育工作，全方位着力为地方输送优秀的师范人才。桂园小学充分"借力""借智""借助"于高校资源优势，打造协同育人品牌。

（二）形成协同研修机制

华南师范大学与桂园小学的协同研修是一个良好的开端，充分发挥专业与学科、校内外协同育人作用，精准对接人才培养需求，加强 学校资源的整合，深入开展学术交流、科学研究、人才培养、教学实践等领域的合作，为推动高校与基础教育协同育人，科、产、教、用融合发展提供了示范和引领，这一切都需要有良好的协同研修机制作保障。

1. 建立教学科研协同发展的组织领导机制

桂园小学高度重视院校协同研修工作，将其作为一项制度，纳入学校整体规划，细化明确各主体责任。学校组建了一支"政治强、业务精"的牵头队伍，制定详尽的实施方案，对院校协同研修工作进行周密的部署和安排，构建一套以党组织为核心的人才服务体系，不断改善人才成长环境。桂园小学立足学校教科研实际情况，坚持引领与关怀相结合，成立了由校长亲自挂帅、副校长具体负责的项目服务小组，与华南师范大学建立紧密合作。项目小组通过梳理学校各学科骨干教师、名师资源，明晰学校人才培养重点对象和任务，并针对教师实际需求定制教科研能力提升计划。项目小组定期开展工作交流会，研讨需重点解决的问题和工作中遇到的困难，确保每一项工作都有明确的部署、有力的推动和及时的反馈。通过工作交流会，学校深入了解参与此项目的骨干教师、名师在工作中遇到的难题以及各自的研究兴趣和研究方向，召开专项工作部署会，广泛收集并听取教师群体对协同研修工作的意见和建议，及时回应教师们的合理诉求，帮助教师解决困难。此项工作旨在为协同研修工作的顺利推进和教师自我价值的实现提供强有力的支持，推动学校教育教学质量的整体提升。

2.建立常态化的教育培训和学习机制

桂园小学加强常态化、规范化、全员覆盖的教育培训机制和学习制度。在日常的教师培训工作上，认真拟定工作规划与实施计划，制定相应的工作制度和成员管理制度，确保工作得以高效推进。鼓励多元化、灵活化的学习方式，如采用集中学习、自主学习、互访学习等。华南师范大学与桂园小学签订双向协议书，明确职责和要求，桂园小学定期为教师发放研修手册、阅读目录、专业书籍，针对教师专长建立了成员研修档案，定期或不定期地开展相关活动，分享读书笔记、研修心得等。

（三）搭建协同研修平台

1.以课题研究作为协同研修的主要抓手

以课题研究为抓手，打造优秀的教研组团队，营造特色鲜明的教研文化，构建以"集体研修、同伴互助、专家诊断引领"等为主要方式的学习型、研究型教研组，大大促进桂园小学教师的自主学习与专业发展。2019 年 12 月，桂园小学召开"智慧课堂"小课题暨"华南师大·桂园小学"项目共同体"生成教育"小课题开题会，华南师范大学教育科学学院张广君教授、深圳市教育科学研究院李敏博士、深圳市百草园小学校长汤学儒以及来自华南师范大学教育科学学院的苏杭博士、曾瑶博士、闫巧博士、葛海丽硕士、宋文文硕士等专家莅临指导。本次开题会共有 48 个小课题参与开题答辩，涉及语、数、英、科、美等多个学科，其中 17 个为区级课题。各课题主持人展现了较高的研究水平和昂扬的精神风貌，而专家们"诊疗式"的点评指导，无疑是给课题组的锦囊妙计，与教师们受益匪浅。

2. 以研修活动作为协同研修的主要方式

华南师范大学与桂园小学携手组织开展"共读一本书""共研一课题""共上一堂课""共写一文章"等系列活动，实现了研修活动的常态化、长效化。在 8 月份的研修活动中，华南师范大学的葛海丽老师通过腾讯会议从"喻"的字义探源及含义解析、"喻"的相关研究进展、《学记》中"喻"的教学哲学意蕴和"喻"的实施路径等几个方面为桂园小学的老师们带来了"'喻'的教学哲学意蕴——生成论教学哲学的视角"的讲座。桂园小学的老师在听完张广君教授的讲座后，在研修日志中这样写道：教学的深层意蕴，正是通过有限的、具有选择性的文化媒介即学程及教学活动，建立起天（文化及其所意指的世界）与人（首先是学生个体）之间独特的关联，打通人与文化、与世界、与他人、与自我之间那种与生俱来的联系，引领我们不断走向解蔽、敞亮、澄明，并且在这一过程中积淀能量、丰富意义、激发灵性，满怀憧憬地走向未来。

3. 以线上平台作为协同研修的重要平台

如今网络教育已经是教育中非常重要的组成部分，网络教育可缩短时空距离，让优质的教育学习机会惠及更广泛的师生。为此，华南师范大学针对桂园小学的个性化发展需求建立了完整的网上学习系统，为桂园小学的学生与教师提供一个优质的学习平台，可大大促进院校间的交流及学习，促进区域教育均衡、优质、公平发展。

第三节　教师科研的专业成长

一切学程的实施以及教研都是为了改进课堂教学，让每一位学生都能够有所提高和不断进步。这就要求每一位教师都具备一定的科研能力和科研视野，如此方能不断提高课堂教学水平。学校通过学程开发，推动教师教研水平的提高。在整个学程开发过程中，学校带领每位教师开展课题研究以及相应的实践探索，并注重在合适的时间、有目的地引导教师不断提升专业素质和课堂教学水平。因此，教师们在理论基础、研究能力、思维能力和论文撰写能力等层面都得到了很大的提升。

一、专业研修，理论基础的积累

对于一线教师来说，每一天都在与学生交流，每一天都要走进课堂。所以，在教育研究方面，一线教师最大的优势就是拥有大量的实践经验。但是，如何将实践和理论相结合，如何用理论的视角去看待和分析教学实践中遇到的问题，是教师们在教育研究中普遍存在的问题。所以，夯实一线教师的理论基础，提高一线教师的理论素养，是每一所学校应该重视的问题。学校组织权威专家进校开展理论讲座，引领教师阅读专业的教育论文和理论书籍，鼓励教师整理自己的教育思考等教研活动，帮助教师提升理论素养，从而提高教育研究能力。

（一）专家入校

提升理论素养，需要专业的引路人。学校邀请了各个学科领域的专家教授进校园，针对不同主题为教师们做专题讲座培训。如学校举办了"华南师范大学·桂园小学"项目共同体教师专业发展培训活动。在项目推进过程中多位教育研究专家多次入校，全程跟踪，给予教师们指导。在专家讲座之后，每位教师都要对讲座内容进行梳理和复盘，最终形成研修日志，并且针对不同的疑问互相请教、交流研讨，在这个过程中，慢慢地打好自己的理论基础，形成自己的理论观点，逐渐积累理论知识。

（二）论文研读

除了专业讲座，大量研读学术论文可以开拓教师的教学研究思路，扩展思维边界，提高学术写作能力。为了提高教师们的思维能力和发现问题的能力，学校以学科为单位，由各学科的科组长牵头引领全校教师研读专业的学术论文。首先，挑选各个科目相关的、专业的、高质量的核心期刊，以中文核心期刊、重点的教育类期刊为主。要求每位教师认真阅读并进行集体讨论，发现问题，汲取优点。在交流研讨中，教师们不断拓宽思路，锻炼思维能力，并结合实践，进行深入思考，更好地在教学中发现问题和解决问题。

（三）共读书籍

想要更加深入地提升理论素养和研究能力，仅停留在研究论文显然是不够的。教师们需要阅读更多的专业理论书籍。除此之外，还要立足全科开展跨越学科界限的阅读，可以是理论方面的跨学科，也可以是理论与实践相结合的跨学科阅读。整本的理论书籍使教师们形成系统性的理论知识体系。在此基础上，教师在教学实践中践行所学理论，再对其进行总结反思，从而形成属于自己的新的经验，最后形成研究笔记。这样日积月累不断打磨，每一位教师都有了很大的收获，大大提高了理论水平，更好地从学术研究的视角去发现问题和解决问题。

二、问题发现，研究能力的提高

　　教学和教育研究紧密相关、互相促进。教育研究是不断发现问题、研究问题、解决问题的过程。研究教育现象和教育问题，对促进全校教师实践、提炼和提升大有裨益。学校在提升教师理论基础的同时，也关注并收集在研习和实践过程中遇到的问题，鼓励教师互相交流，建立"问题群"。借助"工作坊"的同伴互助和专家指导将问题转化为课题研究。在这一过程中，教师们不仅实现了教育观念的转变，更重要的是实现了专业能力和素养的有效提升，推动了教师个人成长。

（一）工作坊研训助力

　　工作坊研训是在专家和主持人引领下全校教师参与其中的同伴互助式 学习模式。它以"学习、体验、反思"三大环节为核心， 通过有目的的阅读、有主题的集体备课教研、多元化的平台展示、有方向的学程开发及课题研究，将理论知识转化为实践能力，提升课堂教学水平。由以往的个体学习到同伴之间的抱团发展，变"教的活动"为"学的活动"，使全校教师在思想政治、职业道德、教育理念、教学技能、研究能力等方面增强了职业能力，提升了职业素养，实现了职业成长。

（二）课题研究探路

　　工作坊采用"主持人引领、全员参与"的策略，以课题研究和学程开发为抓手，主持人申报省、市、区、校各级课题，鼓励青年教师根据工作坊研究方向和属性加入课题组或申报小课题，形成青年教师"人人有课题，学科全覆盖"的教学研究局面。在课题研究的过程中，课题组成员对国家课程 进行二次开发，实现国家课程校本化，并围绕学科课程开发出一系列补充教材。例如，语文学科"读写结合"工作坊的《基于统编教材读写结合点的写话设计》，"诗教"工作坊的《节令中的诗词》，"绘本阅读"工作坊的《绘本上的语言与思维》等，有效拓宽、深化、达成学生学科素养的落实，提高了教师们的教科研水平。在整个课题申请、研究过程中，邀请专家全程指导，从选题到论证开题、从文献综述撰写到申请书填报、从课题研究的具体过程到结题报告等。同时鼓励支持不同层次的教师积极参与课题的研究与学习。

三、论文撰写，思维能力的提升

论文写作是提升教师教研水平的一个有效途径。撰写好的论文需要具备问题解决、整体分析、成果打磨等多方面能力，即通过问题解决启发教学 研究的内在动力，通过整体分析将教学研究引向深处，通过成果打磨让教学 研究刻画入微。

从专家培训、研读论文到课题研究，学校引领教师们不断地把自己的思考、问题解决路径和研究思考的成果整理出来，反复琢磨、交流思考，再修改完善。就是在这样多次打磨的过程中，提高了教师的思维层次和教学研究能力。但撰写论文并不是为了写论文而写论文，更重要的是在这个不断碰撞的过程，教师们能够得到思维和科研能力的提升，把更多可行的思考投入到课堂教学中去。

（一）全员参与

学校在每一次教研活动之前都先对各个年级、各个科目的教师提出相应的论文撰写要求，让教师们带着问题意识认真对待每一次教研，不放过任何一个值得研究的问题。就这样日积月累，随着学校教研活动的不断推进，教师们克服了"从零到一"的困难，经过坚持不懈的努力，研究成果越来越丰富。全校教师撰写了关于"生命教育""阅读与习作""错题的智慧""英语歌谣的运用""教学环节""音乐教育""环保教育"等多个方面的教学论文，总数达到几百篇。每一位教师从最初的"开头难"，经过同伴互助、请教专家等使自己的研究渐入佳境，研究能力稳步提升。

（二）切磋交流

一篇好的论文，代表着作者良好的思维能力和科研水平。每一位教师在完成论文之后，先是反复琢磨修改，经过"冷静期"之后，再拿出来和其他教师交流。教师们集体讨论同一篇论文，提出问题和优点。论文的作者也提出自己的观点，针对别人提出的质疑，进行解释说明。在此基础上，再次进行修改。这样在不断"切磋"的过程中，产生思想碰撞，打破个人思维局限，不断完善。

附录：教师研习心得

研习有感

深圳市桂园小学 孙骋

本周研习的论文是张广君教授的《生成论教学哲学的核心观点》和罗祖兵的《生成性教学及其基本理念》，两篇论文围绕生成论教学的一些基本概念展开论述。张广君教授在《生成论教学哲学的核心观点》中提到教学理论中的生成论思想，其基本的和核心的观点是认为人的存在与发展以及教学的存在与发展都是不断发生、生长、演化的过程，因而从教学的意识、目的、过程，到教学中人的现实感知、意向、行动，再到教学的结果与人的体验和状态等，都处于动态生成之中，可称为生成论教学哲学。生成论教学哲学涵盖五个方面的基本研究领域，即教学本体论、教学价值论、教学认识论、教学审美观、教学历史观。世间万事万物都是处于变化中的，教学也是如此。以往理解的"生成"就是狭义的课堂生成，即学生和老师在课堂上临时的、未经安排所呈现出来的回答、话语等，这也一直束缚着我对生成论教学哲学的理解。经过这几个月的论文学习，我渐渐摸着了一些门道。教学是人为的、是在交往中产生的，因此关系对于教学来说尤为重要，良好的关系是教学能够有序进行下去的前提和基础。教学的目的是促进人的文化生成，特别是我们语文学科，作为母语，承载着传承传统文化的重要使命，我们要和学生一起去解密只属于中华民族的文化基因，培养学生的文化自豪感。

罗祖兵认为生成性思维是当今的主导思维方式。生成性教学关注个人的特殊表现和意义获得，同时关注教学过程和教学事件，但又不过多干预，尊重过程，多互动，同时广泛接纳学生。比如最近在研读窦桂梅的《小学语文主题教学》一书，窦桂梅老师在动态主题教学中列举了"友情"主题群 文阅读，窦老师没有事先限定文本的主题，而是引导学生对文本一步步深入了解，由学生来动态生成主题。学生把友情理解为信任、理解、同甘共苦等都行。由学生自己生成主题还更有利于学生联系生活实际，使学生们更容易接受，也是学生自我建构的过程。这样的课堂是有生命的课堂，也是我们应该追求的课堂。

研习有感
深圳市桂园小学　黄筱祺

在教学过程中应采用互动性的方法促进教学的实现。互动，既是生成性教学的表现（在生成性教学中，存在着大量的多边互动），也是生成性教学的原因。因为互动，才有新的信息、资源的生成。在生成性教学中，互动性的教学方法，如谈话、讨论、共同探究等备受青睐。互动创造了一种新型的关系。在互动中，不仅师生关系由"我—他"关系变成了"我—你"关系，而且学生与文本的关系、教师与文本的关系也由"我—他"变成了"我—你"关系。课堂教学是师生之间、学生之间交往互助与共同发展的过程。在以往的课堂教学中，往往只是教师与学生的直接交流，具体方式多为问答式，而没有学生之间的直接交流，更没有群体之间的直接交流，在强调学生学习的自主性时，只是把学生作为孤立的个体来看待，忽视了学生之间思维碰撞所产生的巨大能量。

研习有感

深圳市桂园小学　李璐

今日阅读了张广君的《生成论教学哲学的核心观点》和罗祖兵的《生成性教学及其基本理念》两篇论文，收获颇丰，摘抄与记录下感想。

生成论教学哲学的各个理论领域，虽各有侧重，但是又相互联系，有着内在的一致性。在教学哲学的五个研究领域中，教学本体论是基础、前提、预设判断和事实性描述；教学价值论是主旨、目的、价值取舍和规范性解释；教学认识论是路径、手段、思维方式和方法论特征；教学审美观是从审美意识、审美体验、审美超越的角度和层次追求对教学存在的把握、理解与提升，进而达成对教学存在目的的完满观照、定位与促进，内含着对本体论、价值论、认识论及历史观的立场观点的断面的切入与关联；教学历史观则以教学存在与教学意识的关系问题为核心，对整个教学存在的时空形态、变迁历程、价值取向、属性表征、理解侧度、演化趋向及相关条件等方面的问题，做出纵横交织的具有统摄性的理解和反映。

生成论教学哲学的整体立场，由其本体论、价值论、认识论、审美观和历史观的立场共同界定和呈现出来。各组成部分或理论领域相互作用、相互依托，存在着密切的结构联系。这种一体化的、同一化的立场，既与作为对象的教学存在统一性有关，更是人的主观能动性作用的结果，是主观逻辑与客观逻辑的统一、是逻辑与历史的统一。生成论教学哲学滋养于当代改革的氛围与土壤，随着改革的深化而发生，顺应改革的需要而发展。面对着复杂的变革实践、庞杂的学术生态、孱弱的自身发展态势，以及不睦已久的理论与实践联盟，当代中国生成论教学哲学，须厘定自身，充盈志气，直面问题，勇挑重任，担负起澄清教学价值、反思教学实践、拓展教学知识、涵养教学智慧、引领教学变革、促进教学发展、繁荣教学学术、积淀教学文化为核心的历史使命。而在此过程中，生成论教学哲学，将在实践检验、反省争鸣与调整修正中，进一步确立不断生成自身的理论取向和一贯的整体性立场。

在教学中要恰当运用互动性教学方法，必须以对话的理念贯穿始终。有研究者认为对话也是一种教学方法，是教学方法的思想基础。对话不是简单地指教学过程中师生之间的会话、语言交流，而是指师生以平等的关系、开放的心态、谦虚的态度来交换彼此的思想，探讨对文本的理解。对话的主要目的不只是知识的传递，也不只是达成共识，更多的是视野的拓展、精神的会通、人格的交流。理解不仅是接纳，更多的是心胸的宽容与豁达、思想的广博与精深。所以，在罗蒂 (R.Rorty) 的对话理论中，他"要求对话者平等、开放、富有创造性、具有多元价值观"。由此可以看出，对话是一种精神，它以尊重个人主体性为前提，以达到个性化的创造性理解为目的，它要求对话者应有民主开放的姿态、深厚宽广的胸怀以及独立多元的价值观。所以在运用互动性的教学方法时，要时刻注意以对话的理念来统领。

研习有感

深圳市桂园小学　刘畅

传统教学关注的是教学结果，即教学目标的达成状况或学习任务的完成情况，对于教学目标是如何达成的，则略去不管。生成性教学更为关注教学过程，认为教学的核心不是目标的达成而是学生的发展，而学生的发展是在具体教学过程中实现的。

在教学过程中，学生是学习的主体，教师不可能代替学生去感知。无论是知识的获得还是情感、意志的培养都必须通过学生自己的学习和探究。因此，我在课堂教学中做到了以下几点：一是激发兴趣，培养学生主动学习的兴趣。兴趣是最好的老师，只有通过各种手段来吸引孩子们的注意，才是实现教学目标。在实际教学中，我经常运用有趣的游戏、欢快的律动、绘声绘色的讲述等教学环节来激发孩子们的学习兴趣。二是重视听觉培养，引入自主学习的氛围。音乐是听觉艺术，听觉体验是音乐学习的基础。因此，我在教学中会精心设计每一次听赏环节，让孩子们带着问题感受和倾听。三是创设广阔空间，引导学生自主学习。在课堂活动中，我常把课本中的知识点或游戏与日常生活连接起来，通过直观的感知让孩子们更容易地接受抽象的音乐知识。四是放飞想象的翅膀，鼓励学生自由探究。只有把学习交还给学生，让学生学以致用、学会创造，才能使他们真正成为学习的主人。

研习有感

深圳市桂园小学　曾莹

本周围绕"生成性教学"，我研读了张广君教授的《生成论教学哲学的核心观点》和罗祖兵的《生成性教学及其基本理念》。生成性教学的基本理念可以概括为：关注表现性目标，关注具体的教学过程，关注教学事件，关注互动性的教学方法，关注教学过程的附加价值。

我很赞同生成性教学应该关注具体的教学过程这一观点。我认为一堂课除了教学目标的实现以外，还要注重教学的过程。丰富的教学过程，可以让学生获得更多的能力和发展。传统教学关注的是教学结果，即教学目标的达成状况或学习任务的完成情况，对于教学目标是如何达成的，则略去不管。如果教学过程过于单一，学生的发展就会受限制。所以，在教学过程中，我们要关注学生的发展和表现。

同时，我认为在平时的教学中，教师要正确对待教学事件。教育具有生成性，应以生成的眼光看待教育中的人和事，教育中的个体通过教学掌握社会历史经验。而在教学中，我们经常可以看到一些老师，特别是一些刚站上讲台的青年教师，在教学中遇到不在自己预料范围内的情况时，就会手足无措，不知如何是好。所以，他们总是试图采用控制性的手段，力图使学生所有的表现都处在自己的掌控之中，害怕出现无法控制的局面。这样久而久之就限制了学生的思维，学生也就缺乏了主观能动性。

从某种意义上说，生成性教学的过程是教学中各因素积极互动的过程，是学生素质的生成过程，在这样的环境、这样的课堂中，我们的教育才会走得更加长远。

研习有感

深圳市桂园小学 蓝海东

这一周，我阅读了张广君教授的《教学存在的建构交往观：内涵·特征·意义》和《本体论视野中的教学演化：一种新的教学史观》，让我更进一步走近张广君教授，再一次对教学进行学习和思考。

《教学存在的建构交往观：内涵·特征·意义》从三个方面进行了阐述：内涵、特征、意义。看完这篇文章，我再一次对体育学科进行了反思。我认为平等对话是体育教学中师生主体性双向建构交往的主要形式，也就是在体育教学中要相互尊重、信任、平等，在沟通中实现师生共同发展。《本体论视野中的教学演化：一种 新的教学史观》认为作为一种人为的存在，教学在历史中发生、存在和演化。在教学本体论研究中，教学演化作为教学存在的基本形式和基本表征，处于极其重要的地位。教学演化问题的研究在研究主体、研究对象、思维方式和研究结果等方面与以往的研究截然不同，在理论上预示着一种新的教学史观的形成。在以往的教学论上，我们的目光大多停留在教学过程的进展和教师与学生的进步上，并没有很好地运用辩证思维去看待问题。新的教学史观，要求我们不仅关注教师与学生的发展、交往和进步，还应该思考师生之间的关系、教与学的关系……作为老师，我们应该有良好的师德、有一颗仁爱之心，以及终身学习的理念，相信我们的专业素养会越来越高。

研习有感

深圳市桂园小学　叶萍

　　《教学存在的建构交往观：内涵·特征·意义》，主要概括了教学存在的建构交往观的基本命题、方法论特征和意义及展望几个方面。关于教学存在演化的问题，教学存在的演化是教学存在的自在规定和自在形式。教学具有生成、运行、演化三类不同的动力系统。教学存在的形态递进在系统的一般演化与个别发育中具有对应性。教学存在的演化观是把握教学存在历史性和确定教学历史观的关键。社会的发展必然促进教学的演化，影响教学的形态。在社会的发展中，随着教学的演化而衍生出教学观。教学存在历史性，所以把握好教学存在的历史性和确立教学历史观，是教学存在的演化观的关键。缺少了演化这一环，就无法真正获得对教学存在的理解。教学的演化是进化还是退化，是现实教学质量的问题所在，也是为什么要深入探讨教学存在演化观的本质。

　　《本体论视野中的教学演化：一种新的教学史观》主要从教学演化问题及其研究、教学演化的或然性、教学方式的演变、教学系统的发育、教学进化史和新的教学史观六个方面进行了阐述。在新的教学史观中，师生的教与学创造了教学存在，也创造了教学的历史，既是教学历史的延续，也是新的教学史的开始。在延续中创造历史，可以说新的教学史观在不停变迁，顺应社会的变迁而变迁。比如很多从前的教学方法不适应用于现在的学生，现在的学生处于信息时代，从媒体中大量获得不同的知识，所以现在的教学不能停留在课本上，不能只教导学生要善良，还要教会学生如何辨恶丑恶。同时，现在的学生个性鲜明，因此教师也在摸索新的教学模式，创造新的教学史观。

研习有感

深圳市桂园小学　邱结瑜

　　张广君教授在《本体论视野中的教学演化：一种新的教学史观》中反复强调，坚持教学本体论立场，置身于教学外部，将教学当成一种事物进行研究。以教学存在为对象展开研究，揭示教学本体存在的本质和规律。我们作为教学活动的要素之一——教师，身在"教学"当中，常常关注的是教学的改革，很容易"当局者迷"。因此我们应跳出教学看教学，从宏观的角度认识教学在历史中的发生、存在和演化，辩证地研究教学问题，认识教学作为人为的、生成的、进化的和时间的概念。这样的研究，更有利我们加强教学理论和实践改革。作为老师的我们面对的教学问题是具体的，教学本体理论可以让我们更好地从具体中提取普遍和客观性，透过教学现象看到教学的本质。

　　感兴趣的问题：教学存在的建构交往观根植于人的文化本质的终极关怀。张广君教授指出，教学的本质与文化的本质和人的本质密切相连。他把教学的根本目的定位于人与文化的总体生成。也就是说，教学不仅是传递文化的过程，也不仅是促进个体发展的过程，更是人与文化共同生成。在教学过程中，不仅有文化的传递，还有人际的感应、行为的感染、情感的连接、价值的感悟。也就是说，在教学过程中，我们教给学生的知识并不是最重要的，掌握知识的能力以及思维的发展也至关重要，这点在苏霍姆林斯基《给教师的建议》中也有涉及。除此之外，教学作为交往的本质，也要求我们在情感与价值上与孩子对接，关注学生的感受，有实实在在的学生立场，"蹲下来"看学生。

研习有感

深圳市桂园小学　赵爽

小小的书包，小小的人儿。从踏进校园的那一刻起，学校教育注定在我们的人生中起着巨大的作用。究竟什么是学校教育？学校教育对个人的发展又有什么作用？学校教育是人一生中所受教育的重要组成部分，是指个人在学校里接受计划性的指导，系统学习文化知识、社会规范、道德准则和价值观念。学校教育从某种意义上讲决定着个人社会化的水平和性质，是个体社会化的重要基地。知识经济时代要求社会尊师重教，学校教育越来越受重视，在社会中起到举足轻重的作用。

这种社会作用体现在多方面。首先，学校教育是人类传承文明成果的一种方式和途径，它代表社会对人的要求，根据一定社会政治经济和生产力发展的要求，按照一定的目的和方向，选择适当的内容，采取有效的方法，对人进行系统的教育和训练，使人获得比较系统的文化科学知识和技能。让学生掌握应当掌握的知识和技能一直都是学校教育的主要任务，即所谓的"传道，授业，解惑"。通过老师的帮助，让学生站在"巨人的肩膀"上回望过去，探索未来。在学习知识与技能的过程中，形成相互激励、争当优秀的积极进取的氛围，使得青少年获得终身学习和终身发展的动力、热情和必备的基础，从而长成为对社会有用的人才。

其次，学校教育以班级为集体，一方面促进青少年迅速学会共同生活，另一方面也很好地锻炼了青少年的人际交往能力和沟通合作能力。学会共同生活，有效途径之一就是参与目标一致的社会活动，学会在各种"磨合"之中形成新的认同，确立新的共识，并从中获得实际的体验，从了解自身、发现他人、尊重他人到与他人和谐相处。这使青少年学会更好地融入群体与社会，增强人际交往和沟通合作能力。卡耐基说过："一个人的成功，只有

15% 靠他的专业技术，85% 则靠他的人际处理能力。"同时也使青少年拥有善良的人性、美好的内心和优雅的举止成为可能。他们学会清醒而客观地认识自身的价值和在社会上的位置，懂得承担责任，包括对自己、家庭、社会、人类和后代的责任。

研习有感

深圳市桂园小学　官瑞芬

今天读了《教育研究报》的一篇论文《"教"与"学"：学校教育的博弈与回归》。文章发表于 2018 年，列举了大量的历史研究，论述了"学"为中心还是"教"为中心。"学"为中心是中国教育的文化基因。"学而时习之，不亦说乎？"看似"无意"编排，恰恰彰显了孔子的"重学"思想。孟子的"自得"思想也是一种重"学"。在先秦的"百家争鸣"中，也有人推崇"教"的作用，如荀子。到了战国末期，国家逐渐由分裂走向统一，因而在意识形态上逐渐由"百家争鸣"趋于一统。韩非子以"法"为核心思想，主张以"法"为准绳，主张教师的绝对权威、权力，在教育上倡导"无书简之文，以法为教；无先王之语，以吏为师"。随着封建集权社会的强化和科举考试制度的盛行，中国教育逐步演化成"教"为中心的范式，班级授课制度将"教"为中心的学校教育机械化、程式化和制度化。

当前，我国教育的改革与发展正步入一个全新的历史阶段，学校教育隐含的诸多深层次矛盾渐次浮现。教育将在"否定之否定"的钟摆中回归"学"

的本源，并将在机制层面上实现两大转轨：从"苦学"向"乐学"转轨，从"传授"向"引导"转轨。读完文章后，不由让人联想，现在社会对老师"教"的评价往往是通过学生的"学"，班级授课制度虽说"教"为中心，但考核是学生的"学"，所以还是"重学"。高考这个选拔机制还存在，社会就还是会"重学"，方式可能有所不同，但受关注的还是"学"。

附　录

小奶盒　大变身

——以小学生环保手工社团及实践工作坊建设为例

（案例类别：中小学校学生艺术社团及实践工作坊建设）

【摘要】美育是提升审美素养、陶冶情操、温润心灵、激发创新创造活力的教育。习近平总书记强调，做好美育工作，要坚持立德树人。"双碳"目标倡导绿色、环保、低碳的生活方式。美术手工类学程的开发与实践是贯穿课堂内外活动的联动机制，桂园小学坚持以牛奶盒为载体，致力于探寻美育需求和环保意识相结合的社团学程，以"艺术来源于生活又高于生活"为指导思想，从传承和创新的角度，联系学生生活实际，创造性开展了"牛奶盒编织""牛奶盒拼贴画"等社团活动。用艺术创作的形式把牛奶盒变废为宝，将环保理念与低碳生活融入学校教育，弘扬中华美育精神，以美育人、以美化人、以美培元。

【关键词】牛奶盒；艺术创作；低碳；环保

一、创建背景

艺术是人类精神文明的重要组成部分，艺术教育是美育的重要组成部分，其核心在于弘扬真善美，塑造美好心灵。习近平总书记强调："做好美育工作，要坚持立德树人，扎根时代生活，遵循美育特点，弘扬中华美育精神，让祖国青年一代身心都健康成长。"以落实核心素养为主线，引导学生积极参与各类艺术活动，感受美、欣赏美、表现美、创造美，丰富审美体验，学习和领会中华民族艺术精髓，增强中华民族自信心与自豪感。

2020 年 9 月，中国提出 2030 年"碳达峰"与 2060 年"碳中和"目标。"双碳"目标倡导绿色、环保、低碳的生活方式。同年 9 月 1 日《深圳市生活垃圾分类管理条例》正式施行。能正确理解并践行进行垃圾分类已是国民的文明素养之一。

为响应国家号召，从 2018 年开始，笔者将"生活垃圾分类"的环保活动与美术社团相结合，创建了"环保手工"社团。该社团是建立在环保活动基础上的美术社团，以学生校园午餐所产生的生活垃圾"牛奶盒"为素材，将其清洗回收后进行艺术创作，在活动中践行具有环保特色的美育教学。

为什么在众多盒子中选择牛奶盒呢？因为我国是牛奶生产和消费大国，巨大的需求带动了牛奶盒这类复合纸包装销量的增长。牛奶盒材料回收价值非常高，但由于制作工艺的特殊性，收运处理难、成本高，实际回收率较低。快速增长的消费需求与"惨淡"的回收率形成了鲜明对比。不能回收的牛奶盒不仅造成了巨大的资源浪费，直接丢弃更会成为自然环境中难以降解的污染源，通过焚烧或填埋等方式处理还会带来环境和健康方面的影响。深圳市城市管理和综合执法局与深圳市教育局联合发布的《关于创建生活垃圾分类蒲公英校园的实施方案》在全国率先启动了校园牛奶盒资源回收实践活动。笔者作为美术教师，积极将牛奶盒的回收与设计应用融入教学中，引导更多的学生关注牛奶盒的回收问题。在这样的真实情境下，笔者带领学生以牛奶盒为载体进行艺术创作，引导学生用艺术的形式表达自己的环保理念。

二、具体实施

（一）小习惯　大行动

学生在参与社团活动前，先参与"清洗牛奶盒"的环保活动，收集手工制作的材料。为了培养学生养成回收牛奶盒的好习惯，笔者重点培养了一批"小小蒲公英"，利用每周一、三（每周一、三学生午餐配备学生奶）午餐后的时间，手拿自己设计的牛奶盒回收海报，分年级去各班讲解牛奶盒回收方法，扩大校园牛奶盒回收的影响力，帮助同学们养成正确回收牛奶盒的好习惯（图1）。同时也潜移默化地培养了这批"小小蒲公英"的语言表达能力与领导力。在回收午餐的牛奶盒时，他们渐渐养成好习惯：喝光牛奶—拔吸管—翘起奶盒的"四只小耳朵"—压平奶盒—分类投放。学生在参与奶盒回收环保活动的同时，还养成了午餐光盘的好习惯。"环保、绿色、低碳"等理念已润物细无声地影响着学生。

图1 "小小蒲公英"利用每周一、三午餐后的时间，手拿自己设计的牛奶盒
回收海报，分年级去各班宣讲牛奶盒回收方法（美术组拍摄）

在清洗牛奶盒的过程中，学生学会了以"流水线"的形式完成工作：剪开奶盒的上下两端—清洗奶盒—再晾干（图2）。在活动中，学生体验劳动的快乐，感受同伴之间的默契配合，以此培养他们的团队合作能力。学生养成清洗牛奶盒的小习惯、融入环保的大行动中，不仅减少了生活垃圾的产生，减轻校园清洁工阿姨的工作，还有利于树立正确的环保意识，践行低碳环保的绿色行动，为环境保护作出力所能及的贡献。

图 2 学生以"流水线"的形式清洗牛奶盒 （美术组拍摄）

学校的音乐老师还改编了一首音乐课本上的歌曲，重新命名为《牛奶盒之歌》，这首歌被社团孩子们广为传唱，因为歌词真实地记录了他们在日常的环保手工社团学习活动的过程。

（二）小学程 大创意

"小奶盒，大变身"怎样才能发挥出牛奶盒的艺术价值呢？引导孩子们思考这个问题尤为重要。学生通过观察奶盒裁剪方式，探索奶盒的不同艺术表现形式。

比如，编织艺术。编织艺术跨越千年历史，是一门古老的技艺，也逐渐从实用性向艺术性过渡，渗透到人们生活的方方面面。牛奶盒的"钻洞"编织法，正是其中一种（图 3）。孩子们通过口诀快速学会"钻洞"编织法。他们用牛奶盒编织了中国结、帽子、书包、手提袋、服装等生活用品，让不起眼的小奶盒，在他们的手中大变身，赋予奶盒新的"生命力"与艺术表现。

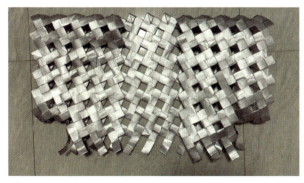

图 3 牛奶盒的"钻洞"编织法（美术组拍摄）

　　一件件精美的牛奶盒编织作品，展示了桂园小学学生们的手工编织技能及创新思维，承载了他们的环保意识和环保习惯。这正是将美术教育的核心素养落实在社团活动中，力求以美育人全面提升学生的综合素养，让学生感受"环保手工"的魅力，并乐于创造。

　　孩子们不满足于牛奶盒编织法，笔者继续带领他们探寻牛奶盒的其他艺术表现形式。比如，牛奶盒内部包装的铝面与金属银的颜色极为相似，笔者重点引导他们用其设计与制作表现苗族银饰。在设计制作的过程中，孩子们感觉有些难度，但都没有因此放弃，而是耐着性子克服一个一个的困难。终于将一个个不起眼的牛奶盒华丽变身为"环保级"的苗族银饰。

　　孩子们还尝试用牛奶盒拼贴法完成"瓦当"与"妇好鸮尊"主题的艺术创作。相比于编织法，奶盒拼贴法能让更多的学生参与体验，并感受成功的快乐。他们的作品还参与了深圳卓悦中心店 2023 年"与地球共续有机"低碳环保展（图 4）。2023 年 5 月，桂园小学环保手工坊参与了罗湖区中小学艺术节第三届学生美术工作坊作品展"造·美丽童年的梦"，作品在深圳美术馆展出，得到了很多观众的认可（图 5）。

图 4　深圳卓悦中心店 2023 年"与地球共续有机"低碳环保展
（小水滴环境保护中心拍摄）

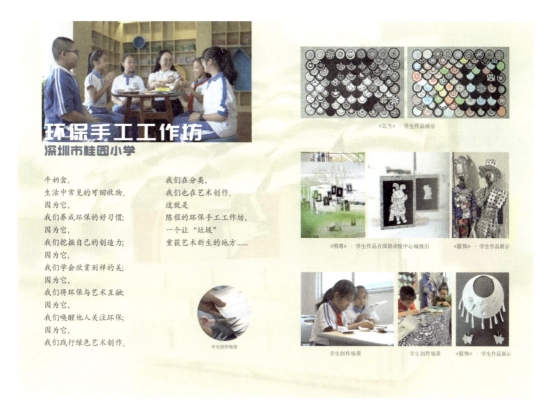

图 5　造·美丽童年的梦

三、成效——小展示　大探究

罗湖区每年都举办"美术学生自主欣赏嘉年华活动"展演。参与艺术展演可以大大提高学生的艺术创作兴趣与信心。

2019年，学生在笔者与团队老师的指导下，自主创编了《梦回秦朝—兵马俑》（图6）。这是一部具有环保特色的美术鉴赏剧，以兵马俑服饰为主线，融入了环保、历史、语文、音乐等元素。讲述了秦始皇穿越到现代，遇到了正在清洗牛奶盒的桂园小学学生，好奇他们用这些都做了什么艺术创作……在剧情中，孩子们巧妙的展示了自己编织的牛奶盒铠甲。学生的牛奶盒铠甲作品给评委留下了深刻的印象："学校以学科融合理念积极探索美术学科学程建设与实施的历程，可谓成果显著。"此次展演，孩子们荣获了一等奖的好成绩。

图 6 《梦回秦朝—兵马俑》与获奖证书（美术组拍摄）

2019 年末到 2020 年，桂园学子在做好防疫的同时，还不忘居家开展环保活动，牛奶盒的清洗回收就是其中一项。复课之后，孩子们依旧坚持牛奶盒的清洗与回收。2020 年，学生们将自己的防疫日常与环保结合起来，创编了环保美育剧《环保荣耀——牛奶盒番外篇》。在第三幕，孩子们用"超大牛奶盒环"演绎"钻洞"编织法，展示了社团具体活动。在此过程中，孩子们通过观察、发现、总结学习编织技巧，有效提高了动手编织的能力。社团以主题活动的形式开展，创设情境，启发孩子们的创新思维。在第四幕，"创意走秀"展示了孩子们那灵巧的双手编织出的一件件实用且具有装饰性的牛奶盒编织作品（图 7）。让评委及观众们看到了不一样的牛奶盒形态。这个创意获得了评委们的肯定，又一次荣获了一等奖。

图 7　《环保荣耀——牛奶盒番外篇》创意走秀与获奖证书（美术组拍摄）

2022 年，这群可爱的孩子们不满足于牛奶盒编织法，又将新的学习体验创编成新的环保美育剧《"盒"你一起大变身——美丽的苗族银饰》。苗族的历史源远流长，最早见著于《史记》中黄帝时期的"九黎"，蚩尤是大众熟知的苗族领袖。历史上苗族有过几次大规模的迁徙，开垦蛮荒之地，生活困苦，却舍得将白银投入熔炉，锻制成衣，是什么原因让他们对白银如此热衷？奇特的银饰背后究竟隐藏着怎样的秘密呢？带着这些疑问，孩子们开始了对苗族银饰的探索。

在美术类环保手工社团课上，他们对苗族银饰充满了好奇，欣赏了解苗族银饰背后的故事及花纹装饰的特点后，已按捺不住想要创作了，他们思考着如何表达自己的所学所思。几个小伙伴在老师的指导下，商量着直接将"美术课"搬上舞台，在嘉年华的舞台上展示一节别开生面的美术课，有老师、有学生，还有一场奇妙的"苗寨云游"……

孩子们经过一番探索发现苗族银饰有一个很大的特点：这些做工精美的苗族银饰多数都是将白银锻造成薄片后再进行錾刻等工艺。而学校午托配餐的盒装牛奶内侧有铝可以模拟白银薄片，用没有墨的金属笔头在奶盒上进行刻画，可以模拟錾刻工艺。当然剪贴也是必不可少的技能，再加上铁丝的助力……他们也可以锻造一套环保级的"苗族银饰"（图 8）。就这样，孩子们带着自己的思考在老师的指导下开始小奶盒大变身的艺术创作。

图 8　"'盒'你一起大变身——美丽的苗族银饰"

　　孩子们在创作之余依旧坚持着日常的奶盒回收和清洗，这样的环保习惯是他们从一年级就开始慢慢养成的，一转眼已坚持有 6 年了。这足以证明环保的小种子在孩子们心中早已生根发芽，而他们用牛奶盒进行艺术创作无疑是更好地诠释自己。他们通过自己的行动，向更多的人展示了对奶盒的新认知、新想法。他们的作品也体现了自己对传统文化的理解和文化自信等综合素养。他们想通过自己的行动和在嘉年华舞台上的展示，让更多的人参与牛奶盒回收的环保行动与奶盒大变身的艺术创作，表达自己对环保和艺术的热爱。他们的思想意识与行动已经有了爱和尊重的萌芽，这就是环保，也是美育。

小学英语绘本阅读教学案例

　　绘本是小学英语教学的有效辅助手段，在小学生英语听说读写各方面具有明显的应用优势，利用绘本进行英语阅读对小学生提出了更高的要求。绘本以图片、文字讲述一个完整的故事。在绘本阅读教学中，教师要积极引导学生对绘本进行分析和指导，帮助学生掌握绘本阅读的思路，提升学生的绘本阅读能力。

　　小学英语绘本阅读有利于提升小学生英语口语的表达能力、思维能力，也有利于英语思维模式的构建。阅读绘本能够提升学生学习的兴趣，有助于提高小学生的英语口语表达能力；同时，对绘本的透彻分析和引领，有助于加深小学生对英语阅读内容的理解，培育他们的推断能力。英语绘本由颜色绚丽的图片和丰富的内容构成，包含广泛的知识。教师在教授的过程中不仅可以利用绘本来指引学生学习英语，还可以利用中西方文化的对比，提高学生的思维能力。

　　学校的英语绘本教学学程自开设以来，便形成了集体备课的模式。以英语绘本 *Kitty Cat* 为例，罗湖区小学英语教研员王莉老师带领桂园小学英语绘本阅读教学工作坊的全体成员集体备课。*Kitty Cat* 是选自新启翔《新魔法英语分级读物》第一级别的一本故事类绘本，全文 53 词，讲述了小猫 Kitty Cat 在外玩耍感到饥饿，想要找吃的，看见了不同的动物，但都因为自己太小没有捕食经验而以失败告终，最终回到家里，主人为它准备了晚餐，小猫终于心满意足地吃饱了。我们从绘本的主题和主要内容（What）、语篇意义（Why）、文本结构和语言修辞（How）三方面进行分析。

[What] 主题和主要内容

该绘本属于新课标中"人与自然"和"人与社会"的主题范畴，关联"家庭与家庭生活"主题，讲述了小猫 Kitty Cat 在外经历了艰难觅食后，最后回到家享受美味晚餐并感受到家的温暖的故事。

[Why] 语篇意义

该绘本通过描写 Kitty Cat 在外觅食无果，在非常饿的情况下回到家里，家人早已给它准备了晚餐，Kitty Cat 感受到家庭的温暖这一故事的发展过程，使学生关注、感受到动物和人一样，都需要家人的照顾。通过小猫的视角让学生体会到 "We should share. Our family give us food. We love our family. " 这本绘本寓意深刻，对比鲜明，是一本非常适合孩子阅读的英文教材，也能引导学生思考在外面遇到困难时除了依靠自己的力量，也需要家人的帮助，感受到家的重要性。

[How] 文本结构和语言修辞

从内容结构上看，故事由三个部分展开。第一部分介绍故事的起因——小猫在外玩耍，饿了想要觅食；第二部分讲述小猫觅食的过程，以及情绪的变化；第三部分则是叙述小猫回到家中，开心幸福地享受主人为她准备的美味晚餐。

从语言功能上看，全文的时态采用一般现在时，语言简单精练。如开头 "Here comes Kitty Cat."到最后主人对她的呼唤"Come here, Kitty Cat."相互呼应又引人深思。

从词汇角度看，本文理解性词汇主要有 cat、come、here、hungry、 look at、Kitty Cat、butterfly、at、the、lizard、Fat Cat、too 等强调突出小猫在外觅食的过程。相关配图和文本语境有利于学生猜测词义。

接着，我们从对学生已有的认知水平、学生已有的知识储备和学生的生活背景于兴趣三方面对学情进行深入分析。

学生已有的认知水平

课的授课对象是一年级的学生，年龄在 6 岁左右。他们集中注意力时间较短，可以观察事物表征，乐于接受和理解具象的事物，思维依赖具体的对象与情境。由于他们了解的事物属性知识不多，所以，他们对事物之间的关系认识简单，做出绝对的判断、分析、概括与评价的逻辑推理判断能力较弱。

学生已有的知识储备

话题	词汇	句型
Go! Sight Words. Go! Aa to Zz（两本教材学到第 9 单元）	动物类：ant, alligator, bird, bear, fish, frog, hen, horse 情绪类：angry, hungry, happy 动作类：eat, run	I can see... I can find... Where is it? Here it is. He can.. She can...

学生掌握了动物类和情绪类的少部分词汇，这些知识储备能帮助学生更好地理解绘本，帮助学生更容易将文本与个人生活实际联系起来。

学生的生活背景和兴趣

一年级的学生少部分可能有养宠物的经历，对于动物类的话题也很感兴趣，同时对于猫的习性也有一定了解，这些会帮助孩子更好地理解绘本。

由此，我们将教学目标设定在学生能够在故事语境中学习和理解句子"Here comes..." "Here is..."和词汇 cat、come、here、hungry、look at、Kitty Cat、butterfly、at、the、lizard、Fat Cat、too。同时，学生能读懂绘本的图文，理解绘本故事大意，理解人物的情绪情感，能感悟人物的会话语言，并能演出片段故事。在此过程中，学生能感悟人与动物之间的相处之道，感恩家人。

　　为了达到预设的教学目标，我们设计了两个读前活动、六个读中活动和三个读后活动，全部教学活动都围绕着教学目标开展，大大提高了教学活动的有效性。其中，在读前环节，为建立绘本前后的联系，为后面的 Kitty Cat 情感升华做铺垫，我们设计了 Kitty Cat 的主人 Peter，并通过视频，了解 Peter 和 Kitty Cat 生活中相处的细节。在读中环节，我们为绘本人物增加了对话，让绘本灵动起来。在绘本教授过程中，我们注重对学生进行情绪情感的引导，让学生在模仿、跟读的过程中掌握对话的语音语调，从而理解人物情感，为绘本的环节演绎做铺垫。在读后环节，则主要通过问题串，引发学生思考，表达观点，培养学生的思维品质，从而得到情感升华。

为确保课堂评价与教学保持一致，以及课堂评价与绘本主题契合，我们特别设计了 Kitty Cat 在草堆中回家的场景。授课过程中，先对房子进行遮挡，引发学生思考、猜测 Kitty Cat 最后会到达的地方是哪。

佛山市教育局教学研究室小学部林美芳主任对我们设计的 Kitty Cat 绘本阅读课赞叹有加。她认为这节课有三大亮点：一是关注育人价值；二是引导学生乐学好学；三是引导学生积极思考，关注学生思维发展。同时提出几点建议：一是将绘本与主教材融合，基于学情进行单元整体教学设计；二是以评促学，以评促教，将评价贯穿英语学程教与学的全过程；三是用信息技术赋能课堂，给学生阅读思考的空间。

我们将继续以集体备课的模式，打造更多示范课和优秀课例，丰富和完善桂园小学英语绘本教学学程体系。